Elmar Gruber

ZEIT IST DIR GEGEBEN
Leben aus der Zusage Gottes

DON BOSCO VERLAG

Die Deutsche Bibliothek – CIP-Einheitsaufnahme

Gruber, Elmar:
Zeit ist dir gegeben : Leben aus der Zusage Gottes / Elmar Gruber.
– 1. Aufl. – München : Don Bosco-Verl., 1991
  ISBN 3-7698-0673-5

1. Auflage 1991 / ISBN 3-7698-0673-5
© by Don Bosco Verlag, München
Umschlaggestaltung und Farbcollagen: Felix Weinold, Schwabmünchen
Satz: Salesianer-Druckerei, Ensdorf/Opf.
Gesetzt in der Times
Druck und Bindearbeiten: Buchdruckerei Gebr. Bremberger, München

Inhalt

Auftakt 7

Vorwort 8
Einführung 10

Teil 1 12
Einführung 13

Durch den Tag 14
Morgen 16
Mittag 21
Abend 27

Durch die Woche 32
Sonntag 34
Werktag 36
Feiertag 37
Freier Tag 39
Geburtstag 41
Namenstag 43
Hochzeit 45
Jubiläum 48
Abschied 50

Durch die Monate 52
Januar 54
Februar 57
März 60
April 63
Mai 66
Juni 69
Juli 72

August	75
September	78
Oktober	81
November	84
Dezember	87
Teil 2	90
Einführung	91
Menschwerdung	92
Gott hat sich eingelassen	94
Es geschah in jenen Tagen	98
Auferstehung	114
Beten und Fasten	116
Von den Toten auferweckt	121
Begeisterung	140
Geist empfangen	142
Vom Geist erfüllt	144
Teil 3	146
Einführung	147
Heiligung – gelingendes Leben	148
Jesus Christus: Befreier und Erlöser	150
Er-lösung	164
Zu sich selbst stehen	175
In Beziehung sein	181
Biographie	194
Textnachweis	195
Bibliographie	196

Auftakt

ZEIT HABEN

*Zeit haben
ist kein Zeitproblem.
Man kommt zu Menschen
auf zehn Minuten
und spürt:
Sie haben Zeit,
trotz vieler Arbeit,
Zeit für mich, für sich.*

*Man kommt zu Menschen
auf eine Stunde
und spürt:
Sie haben keine Zeit,
trotz weniger Arbeit,
keine Zeit für mich, für sich.*

*Wer raubt uns die Zeit?
Ist es die Arbeit?
Sind es die Pflichten? –
Es ist die Angst:
die Angst, zu kurz zu kommen,
zu wenig vom Leben zu haben,
Angst um unser kleines Ich.*

*Wer nicht immerfort das sieht,
was er nicht hat
und was er nicht ist,
sondern wer das sieht
und wer das nimmt,
was ist und was er hat,
der hat Zeit.*

Vorwort

Am 24. Mai 1991 feiert Pfarrer Elmar Gruber seinen 60. Geburtstag. Weit über den Bereich der Erzdiözese München und Freising hinaus konnte er in den vergangenen drei Jahrzehnten vielen Menschen aller Alterstufen, vor allem aber Religionslehrerinnen und Religionslehrern, mit Vorträgen, über Schriften, bei Gesprächen im kleinen Kreis und in persönlichen Beratungen Lebens- und Glaubenshilfe vermitteln.

Nach Psalm 1 ist der Mensch „im aufrechten Gang" wie ein Baum. Seine Wurzeln versetzt er tief in die Erde. Seine Äste streckt er dem Himmel entgegen. – Dieses Bild drängt sich auf, wenn man das Schaffen Elmar Grubers bedenkt und in seinen Texten liest.

Die meisten der hier vorgelegten Texte stammen aus seinen Veröffentlichungen der letzten 20 Jahre. „Schlüsseltexte" – das dürfte jene Bezeichnung sein, die am genauesten erfaßt, was dieses Buch enthält. Ob in kurzen Sentenzen, in strophenartigen Gedankenreihen oder in theologischen Überlegungen, nie bleiben die Texte bei sich, wartend auf das Verständnis oder Einverständnis des Lesers. Sie wollen vielmehr eine Bewegung auslösen, Verfestigtes anheben, lockern, ja umwenden.

Elmar Gruber betrachtet, befühlt, bedenkt den Alltag mit langem geduldigen Atem und läßt dessen tragenden Grund aufblitzen. Der Weg der Sinne ist sein Königsweg zur Entdeckung von Sinn über unserem Leben.

Dabei sollte man sich nicht täuschen lassen von der menschenfreundlichen Behutsamkeit, mit der er vorgeht. Mit Harmlosigkeit hat sie nicht das geringste zu tun. Hinter ihr steht eine Entschiedenheit, ein bedingungsloses Ja ohne Wenn und Aber – um Gottes und um unseres Menschseins willen. Der Mut, den seine Gedanken machen, kommt aus einer radikalen Zumutung. Die Wahrheit erhält eine Chance, in unser Leben einzukehren.

Der Schlüssel, mit dem Elmar Gruber das Verdeckte, Verschüttete oder Verstockte aufschließt, ist das genaue und sorgfältig gewogene Wort. In der verborgenen Weisheit unserer Sprache findet er heilende Wegweisung. Oft ist es nur ein Trennungsstrich, der, klärend eingefügt, das Geläufige aufbricht und eine winzige Kluft eröffnet für den Goldfund einer neuen

Fügung. So wirkt ein solcher Trennungsstrich als sachter Fingerzeig und als aufregender Hiatus zugleich. Mitten im Alltäglichsten entspringt Einsicht in das Unerwartete, Überraschende, in das Geschenk einer unerhörten Botschaft. Diese zeigt, wie es um uns steht im Angesicht Gottes. Es ist der Gott Jesu Christi, kein anderer, der Herr des Lebens und unseres Lebensglücks.

Alle, die im „Dienst des Wortes" stehen, das „Fleisch werden" soll (Lk 1,2 und Joh 1,14), sind dem Jubilar für sein priesterliches Wirken und seine Art des „sentire cum ecclesia" besonders dankbar. Mögen diesem Seelsorger, Lehrer, Berater, Kollegen und Freund noch viele gesegnete Jahre geschenkt sein, in denen er in Gesundheit und Lebensfreude seine tiefe Spiritualität und Weite des Herzens suchenden Menschen mitteilen kann.

Ostern 1991

Prälat Ernst Blöckl
Domkapitular

Einführung

Viele Menschen scheitern am Leben, weil sie meinen, den Lebenssinn und ihr Glück selbst bestimmen zu können. Jeder ist zwar „seines Glückes Schmied", aber so wie der Schmied das Eisen nur bearbeitet und nicht erzeugt, so kann und muß der Mensch an seinem Lebensglück arbeiten; erzeugen kann er es nicht.

„Selbstverwirklichung" und „Verwirklichung des eigenen Lebensentwurfs" werden heute oft dahingehend mißverstanden, daß der Mensch ganz aus eigener Kraft Selbstbeziehung und Selbstwerdung gewinnen könne.

Niemand kann die Liebe, die er braucht, um sich selbst anzunehmen, persönlich erzeugen. Ohne das absolute ewige Geliebt-Sein – ohne Gott – ist jeder Selbstverwirklichungsversuch zum Scheitern verurteilt. Unser ganzes Dasein wird nur dadurch sinnvoll und glücklich, daß wir durch das Vordergründige, Irdisch-Vergängliche hindurch das Bleibende, Gültige und Ewige erleben. Menschen, Dinge und die Geschehnisse in dieser Welt machen uns nur dann glücklich, wenn wir durch sie hindurch das absolute Geliebt-Sein erfahren.

Wir Menschen sehen das Eine, Ganze, Heile unserer Daseinswirklichkeit gespalten; den einen Bereich werten wir als „gut", den anderen als „böse". Uns ist nicht mehr bewußt, daß beide Bereiche zusammengehören wie „Unkraut und Weizen" im Gleichnis Jesu (Mt 13,24-30). Die Tradition nennt diese Spaltung „Ursünde" und „Erbschuld".

Freude und Leid, Lust und Schmerz, Leben und Tod, Zeit und Ewigkeit, Einheit und Vielheit sind Gegensatzeinheiten oder „Kontrastharmonien", bei denen das eine ohne das andere, wie bei Tag und Nacht, nicht existieren kann. So wird der Kampf gegen Leid, Schmerz und Tod als solche von selbst zum Kampf gegen Freude, Lust und Leben. Das eigentlich Böse sind nicht Leid, Schmerz und Tod, sondern die Trennung derselben von Freude, Lust und Leben. So kann der notwendige Kampf gegen das Böse nur verstanden werden als Kampf gegen die Spaltung. Positiv ausgedrückt kann Gutes tun nur heißen: Tun, was eint.

Diese Gespaltenheiten sind alle nur Ausdruck meiner Gespaltenheit und meines Unheils. Ich bin „ganz auseinander", ich bin „nicht gut beisammen"! Meine Ganzheit, mein Heil kann ich nur finden in der Erfahrung des ursprünglichen absoluten, d.h. unbedingten Geliebt-Seins.

Dieses Buch will eine Hilfe sein zum Ganzwerden, Heilwerden und Glücklichwerden in der ewigen Liebe Gottes. Sein Anliegen spiegelt sich wieder im Wort des Herrn an Abraham: „Geh vor dich hin und werde ganz" (Gen 12,1 nach der Übersetzung von Martin Buber).

Die Texte dieses Buches stammen zum großen Teil aus früheren Veröffentlichungen. Hier sind sie nach Gesichtspunkten der Gott- und Selbstfindung zusammengestellt.

Der erste Teil des Buches befaßt sich mit der ganz allgemeinen irdischen Lebenserfahrung. Alles Irdische ist Symbol, Äußerung des Ewigen. Wer bewußt lebt, kann in den Rhythmen der Zeit und in der Begegnung mit den Geschöpfen zur Erfahrung des „ewigen" Lebens gelangen.

Der zweite Teil hat die Hinwendung Gottes zum Menschen durch Jesus Christus zum Inhalt. Das Jesusgeschehen zeigt die absolute, unbedingte und unverlierbare Liebe, die stärker ist als der Tod und alle menschliche Bosheit. Wer an diese absolute Liebe glaubt, kann prinzipiell zum Bewußtsein des absoluten Geliebt-Seins gelangen und dadurch ein „neuer Mensch" werden. Der Geist der Liebe gestaltet den Menschen immer mehr um, so daß er Haß und Selbsthaß durch Lieben zu überwinden lernt.

Der dritte Teil ist schließlich vor allem der Selbstfindung in Gott und der Gottfindung in sich selbst gewidmet. Jesus Christus befreit mich von mir selbst zu mir selbst. Die Liebe, die ich brauche, um mich selbst anzunehmen, kann ich und brauche ich nicht mehr selbst zu erzeugen. Das Angenommensein von Gott erlöst mich von allen Ängsten und Zwängen mir selbst gegenüber. Und es macht mich frei in allen meinen Beziehungen zu den Mitgeschöpfen.

Dieses Buch ist eine Sammlung von vielen Impulsen, eine Hinführung zum Leben. Man kann es nicht einfach durchlesen, sondern muß sich viel Zeit dafür lassen. Es will ein Begleiter sein, der immer wieder auf die Stellen aufmerksam macht, an denen das Leben „vor-kommt". Mit Hilfe des Inhaltsverzeichnisses kann der Leser die Impulse finden, die er vielleicht für sein Leben gerade braucht.

Teil 1

Täglich Leben

Deine Tage sind gezählt;
nimm jeden an als ein Geschenk
der Ewigkeit.
An Ende deiner Tage bist du dort,
woher die Tage kommen.

Einführung

Unser Leben verläuft in den Kreisläufen der Zeit und der Natur. Eigentlich gibt es die Zeit gar nicht, sondern nur die „Ge-zeiten" (vgl. Koh 3). Unser Leben ist bestimmt von Gewohnheit und Rhythmus. Niemand kann dieses Urgesetz des Lebens mißachten ohne an seinem Leben Schaden zu nehmen. Der heute vielbeklagte Sinnverlust ist eng verknüpft mit der immer stärker um sich greifenden Unfähigkeit, die vorgegebenen Rhythmen von Tag, Woche und Jahr bewußt zu leben und „die Feste zu feiern, wie sie fallen".

Früher war die Einhaltung der Lebensrhythmen in der gesellschaftlichen Situation durch religiöses und weltliches Brauchtum stärker vorgegeben als in unserer Zeit. Heute ist jeder selbst dafür verantwortlich, daß er zu dem Regelverhalten gelangt, das für das Gelingen seines Lebens notwendig ist. Das bewußte Erleben der Rhythmen des Tageslaufs, der Woche und des Jahreskreises mit seinen Festen kann eine einfache Hilfe in schweren Lebenskrisen sein.

Wir leben ferner primär von der sinnlichen Erfahrung her. Sinn kommt durch die Sinne in den Sinn! In unserer Zeit ersticken unsere Sinne – und damit die Fähigkeit zur Lebenserfahrung – häufig im Konsum. Wir verwechseln die Geschenke des Lebens mit dem Leben selbst oder, wie Paulus sagt, die Geschöpfe mit dem Schöpfer. Durch Enthaltung und Verzicht, also durch Übung der Frustrationstoleranz können und müssen wir unsere Sinne durchlässig und transparent erhalten für das eigentliche Leben. Der Konsum zerstört die Lebensfähigkeit, wenn er als Inhalt des Lebens angesehen wird. Bequemlichkeit und Selbstverwöhnung sind meist die Ursache unserer „Wohlstandsdepressionen". Auch bewußte Verzichtübung („Fasten") kann eine einfache Hilfe in Lebenskrisen sein.

Die folgenden Texte möchten eine Hilfe sein zur „Be-Sinnung" unseres Lebens.

Durch Nach-Sinnen kann der Lebensgehalt vieler Worte und Redewendungen wieder zum Bewußtsein gelangen, der in unserer konsumhaft-technischen Lebensführung abhanden gekommen ist. Durch den meditativen Umgang mit der Sprache, treten die Urwirklichkeiten „Wahrheit", „Leben", „Liebe – Gott" wieder in Erscheinung.

Durch Den Tag

Morgen

Aufgehen

Die Sonne geht auf,
Licht
kommt ins Dunkel.
Die Nacht
wird aufgelöst
vom Tag.

Ich darf neu sehen,
das Alte neu sehen.
Im neuen Licht
sieht alles anders aus.
Mir
ist ein Licht
aufgegangen;
ich bin erleuchtet.

In mein Dunkel
kommt Licht;
ich war aus-sichtslos,
ein-sichtslos.
Das neue Licht
läßt mich sehen,
was ich un-erleuchtet
nicht blicken könnte.

Menschen, Dinge und Probleme
haben ein neues
An-Sehen
und Aus-Sehen,
ein neues Gesicht.

Jeder Tag
bringt neues Licht;

Licht vom „ewigen" Licht,
das die Menschen
in der Welt erleuchtet.

Wach werden

Sehen, Hören,
Riechen, Schmecken, Fühlen,
das sind die Kanäle,
durch die das Leben
zu mir kommt.

Mit frischen Sinnen
darf ich jeden Tag beginnen.
Doch sind meine Sinne
noch nicht „wach",
wenn sie nur
auf Reize reagieren
und bloß Vergängliches
erfassen.
Die Sinne sollen Sinn vermitteln,
nicht sinnlos üppigen Konsum.

Wenn ich ergriffen bin
von der Schönheit einer Blume,
von der Melodie der Töne,
von der Nähe der Menschen, –
wenn Essen und Trinken
mehr ist
als nur körperliches Triebgeschehen,
dann erst
ist mein Dasein sinn-voll.

Der Sinn der Sinne
liegt im Über-Sinnlichen:
Gott ist der letzte Sinn
von allem;

Er kommt mir durch die Sinne
in den Sinn.
Durch ihn wird alles sinnvoll.

Von ihm muß ich die Sinne
öffnen lassen,
damit sie nicht verkommen
im irdisch Begrenzten,
sondern Zugang werden
zum Eigentlichen, Ewigen.

Liegenbleiben

Liegenbleiben
wird zur Medizin
für alle,
die nichts liegen lassen können
und sich im Streß
dem Herzinfarkte nähern.

Oft muß Krankheit helfen,
damit sich Menschen
„liegen lassen" können
und erkennen,
was *nicht* wichtig ist
im Leben.

Wenn ich mit wachen Sinnen liege,
wenn ich mich „liegen lassen" kann,
dann erspüre ich die „Unter-Lage",
den Boden,
der alles trägt:

Mit allem Druck,
mit allen Lasten meines Lebens
drücke ich auf den Boden,
und er trägt mich,

er-trägt mich –
ganz selbstverständlich.

Im bewußten Liegen
kann ich innewerden,
daß alles, was ist
und was geschieht,
einen festen Grund hat.

Ich brauche mir
den Boden unter meinen Füßen,
die „Existenzgrundlage",
nicht selbst zu stampfen;
sie ist da.

Gott,
der Ur-Grund allen Seins,
trägt mich immer,
auch wenn ich mich hinlege,
um nicht mehr aufzustehen.

Anfangen

Unsere Zeit
ist eine Kette:
ein Ganzes
aus vielen Teilen,
die unzertrennlich sind.

Ich kann mein Leben
nicht als Ganzes leben,
sondern nur in Teilen,
von denen jedes
einen Anfang hat
und auch ein Ende.

Leben heißt
immer wieder

anfangen
und beenden.

Die Kraft des Lebens selbst –
Gott –
macht aus meinem Stückwerk
das große Ganze.

Er verknüpft
auch die mißratenen Stücke,
so daß nichts umsonst ist,
nichts verlorengeht.
In der Kette meines Lebens
hat alles einen Sinn.

Nichts in meinem Leben
braucht ungeschehen zu sein;
weil er
aus allem etwas macht.
Ich darf
immer wieder neu beginnen:
riskieren – durchhalten – beschließen.

Und auch dies
ist letztlich Gnade
und nicht Leistung;
Gott
ist in jedem Anfang
und in jedem Ende.
Er schenkt uns jeden Morgen
einen Neubeginn.
Wenn wir am Ende sind,
wird er das Angefangene vollenden.

Mittag

Höhepunkte erleben

Die Sonne steht am höchsten,
scheint am hellsten,
strahlt am wärmsten.
Wenn sie jetzt stehenbliebe,
wäre es immer hell und warm,
doch der „Mittag" wäre verschwunden.

Wenn wir im Leben
einen Höhepunkt erleben,
dann wollen wir,
daß er nicht mehr vergeht.
Wir plagen uns,
den Punkt zur Linie auszuweiten,
und meinen,
dann wären wir für immer
glücklich und zufrieden.
Immer satt sein,
immer Lust verspüren,
immer Hochgefühle haben.

Der Höhepunkt
ist immer Augenblick,
und nur im Augenblick
erleben wir die Gegenwart des Glücks.

Wer sich vom Höhepunkt
nicht trennt,
zerdehnt den Augenblick
und schafft nur „Lange-Weile".
Der „Nimmersatt" ist immer satt,
doch nicht mehr glücklich.

Der Höhepunkt hat seinen Gegenpol:
den Tiefpunkt.
Der Mittag braucht die Mitternacht,
aus der er kommt,
in der er ganz verschwindet,
um wieder neu zu kommen.

Das Ja zum Glück
ist auch das Ja zum Leid.
„Weh euch, ihr Satten",
ihr seid immer satt
und könnt nicht mehr gesättigt werden.
„Selig, ihr Hungrigen",
für euch gibt es das Glück der Sättigung.

Mitteilen

In der Mitte teilen.
Aus eins
wird zwei,
wird mehr,
unendlich viel.

Durch Teilen
wird das Eine viel
und „reicht" für alle.
Teilen macht immer mehr,
nicht weniger;
man muß die „Masse"
von der Menge unterscheiden
und darf die Vielheit
nicht mit der Waage messen wollen.

Wer das Seine teilt,
teilt und verteilt
sich selbst;
er „teilt sich mit".

Jedes Teil
ist „ein Stück von mir",
und in jedem Stück
bin „ich ganz".

Ich gebe nicht nur
„etwas von mir",
ich gebe *mich* ab –
mit allen.

Wer nicht teilen kann,
wer sich nicht mit-teilt,
bleibt einsam
und verkümmert in sich selbst.

Von selbst
und aus mir selbst
kann ich nicht teilen.
Von Natur aus
ist jeder Egoist.

Ich muß eine „Mit-Teilung" bekommen,
dann erst kann ich teilen.

Gott teilt sich jedem mit
und „gibt sich ab" mit jedem.
Seine „Mitteilung" an uns heißt:
Jesus.

Leben – leben lassen

Wer nicht leben läßt,
kann auch selbst nicht leben.
Ich lebe nur, wenn ich das Leben
in mir leben lasse.

Gott ist das Leben.
Er lebt in mir
und läßt mich leben.

Wenn ich ihn
in mir leben lasse,
erwacht mein wahres Ich.
Ich lebe,
und doch nicht ich;
das ist meine
„Identität".

Wenn ich liebe, teile,
Gutes tue,
ist es *er,*
der in mir wirkt.

Es ist meine Not und Schuld,
daß ich ihn verdränge,
weil ich *mir* zuschreibe,
was *er* wirkt.
So fühle ich mich einsam
und verzweifelt,
obwohl Gott dauernd da ist
und in mir wirkt.

Wenn ich dulde,
daß Gott in mir lebt
und in anderen,
werde ich „ge-duldig"
mit mir und anderen;
denn was Menschen tun,
ist nicht mehr wichtig,
sondern nur,
daß Gott in ihnen wirkt.

Jetzt darf ich mich
und alle anderen leben lassen,
und ich bin frei

von jeder Aggression
(jedem Zwang zu töten),
weil er in mir lebt.

Schatten werfen

Jedes Licht
verursacht Schatten;
nur wir selber
wollen schattenlose Lichter sein.
Wir können es nicht ertragen,
daß wir auch unsere Schattenseiten haben
und oft dunkle Schatten werfen.

Wir zeigen uns
von unserer „besten Seite"
und wollen nur
„im besten Licht" erscheinen!
Wir projizieren
unseren Schatten
auf die anderen.
Wir stellen *ihre* Schattenseiten fest,
die in Wirklichkeit die unseren sind.

Denn ich bin es ja,
der den anderen
nicht so kennt, wie er ist,
weil mich an ihm
so vieles stört.
Genau das, was mich stört,
ist meine Störung.
Denn „was man sagt,
das ist man selbst".

Ich kann meinen Schatten
nicht erhellen,
ich muß ihn nehmen, wie er ist.

Ich darf meinen Schatten haben;
er ist ja auch ein „Kind des Lichtes".
Mein Ja zum Schatten
macht ihn heller.

Die Liebe,
das schattenlose, ewige Licht
wird einmal alles so durchdringen,
daß alles leuchtet
und nichts mehr einen Schatten wirft.

Abend

Daheim sein

Ich bin daheim,
wo ich so sein darf,
wie ich bin.
In meinem Haus,
in meiner Wohnung
kann ich mich entfalten:
essen, spielen, schlafen;
ich bin geborgen.

Meine Wohnung
ist für mich die „Festung".
Unter meinem Dach,
in den vier Wänden
erfahre ich die Nähe.

Du
bist mein Daheim
und meine „Nieder-Lassung",
ich darf *dein*
Zuhause sein;
diese Wohnung
wird zur Verwöhnung,
durch die ich
den Himmel,
meine „ewige Wohnung",
erspüren und erahnen kann.

Gott ist für uns
ewig „Haus", –
Heimat,
die wir nie
verlieren können.

Ruhig werden

Wer will nicht
seine Ruhe haben
und in Ruhe
gelassen werden?
Sei ganz ruhig!
Beruhige dich!
Gib Ruhe!

Doch wer kann schon
Ruhe geben?
Wer kann sich selbst
beruhigen?

Ich kann nicht
zur Ruhe kommen,
weil mich die Last
des Lebens drückt:
das Sollen
und das Müssen.

Weil ich nicht
zur Ruhe kommen kann,
muß die Ruhe
zu mir kommen.

Und sie kommt,
wenn ich sie kommen lasse.
Sie unterbricht
mein Sollen
und mein Müssen.

Jeder Abend
kann mir Ruhe bringen,
wenn ich mich anvertraue
mit allem,
was geschehen
oder nicht geschehen ist.

Jeder Abend ist ein Bote
der ewigen Ruhe,
die alles aufhebt,
was mich unruhig
und friedlos macht.

Du
bist meine Ruhe;
in dir kann ich
schon jetzt
gelassen sein.

Zufrieden sein

Wer kann schon
mit sich selbst
zufrieden sein?
Wer sich selbst
zufrieden macht,
ist doch recht „selbstzufrieden".

Soll ich ewig unzufrieden leben?
Wenn ich nicht zu-frieden, –
„zum Frieden" bin,
können auch die andern
nicht im Frieden
mit mir leben.

Zufriedenheit
ist der größte Schatz!
Wo ist er versteckt?
Wo ist er zu finden?

Ich bin zufrieden,
wenn du
mich kennst
und mit mir
zufrieden bist.

Einer sieht mich immer,
und er sieht mich so,
wie ich bin.
Und er ist immer
mit mir „zum Frieden",
auch wenn ich
mein Pensum nicht erfülle.
Er lobt den guten Willen
und hilft mir im Versagen weiter.
Seine Huld
schenkt mir den wahren Frieden.

Ich darf „den Tag
schon vor dem Abend loben",
weil mich das Vertrauen
immer zufrieden,
zum Frieden macht.

Sich niederlegen

„Den Seinen
gibt es der Herr
im Schlafe."

Wer meint,
daß der Erfolg
nur von der Arbeit kommt,
wird lachen über dieses Wort.
Der Schlaf ist für ihn Zeitverlust.
Er plagt sich ab
und schuftet,
bis er nicht mehr
schlafen kann.
Doch der Erfolg
bleibt aus.

Was nützt die Arbeit,
wenn ich mein Gleichgewicht verliere!

Ich darf aus mir
nicht mehr herausholen,
als ich habe.
„Mehr ist nicht drin!"

Und was ich habe,
an Körper- und an Seelenkräften,
kann ich nicht selbst erzeugen.
Ich muß es immer wieder
neu empfangen,
von Gott, vom Leben.

Abschalten bei Erschöpfung!
Sich neu erfüllen lassen!

Ich lege alles nieder,
schließlich auch mich selbst.
Wenn ich erschlaffe
und entspannt bin,
nichts mehr von mir erwarte,
dann bin ich offen
für das, was mich umfängt.

In meiner Ohn-Macht
kommt mir Gott am nächsten
und gibt mir, was ich brauche;
seine Kraft
wird stark in meiner Schwachheit.
Weil er mir alles gibt,
brauche ich von mir
nichts mehr zu verlangen.

Durch Die Woche

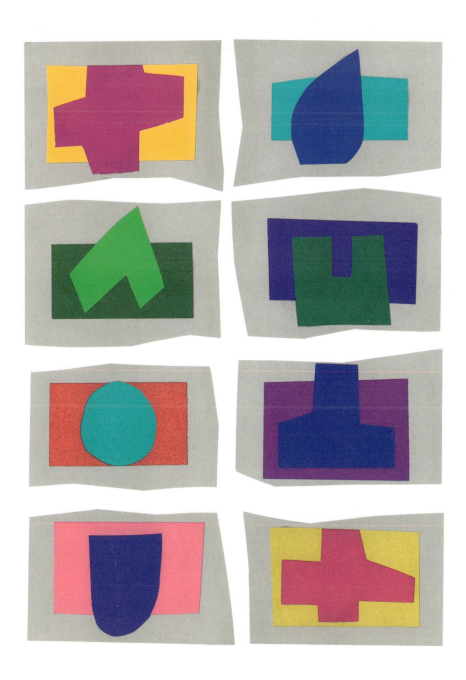

Sonntag

Auf-hören

Immer wieder
muß ich aufhören
und mich in meiner Arbeit
unterbrechen.

Mir vergeht
Hören und Sehen,
wenn ich nicht mehr
auf-hören und auf-schauen kann.
Auf-hören und auf-schauen
zu dem,
der meinem Tun
allein den Sinn verleiht.

Solange meine Sinne
nur auf das gerichtet sind,
was „ich mir leisten" möchte,
entgeht mir das,
was ich mir selber
niemals „leisten"
und „verschaffen" kann:
das Leben, Gott.

Aus Worten und aus Dingen
kann mir das Leben quellen,
wenn ich abseits von Alltag,
Hetze und Betrieb
absichtslos Ohren, Augen öffne
und durch das Irdische hindurch
das Ewige er-sinne.

Ich bin das Leben;
hör auf – auf mich;

schau auf – auf mich.
Nimm dir Zeit,
nimm mich –
und du wirst leben.

Werktag

Tun dürfen

Die meisten stöhnen
über ihre Arbeit,
doch wer keine Arbeit hat,
der kann auch nur stöhnen.
Müssen und Nicht-Können
sind die Wurzeln
aller Qualen!

Ich muß arbeiten
und fühle doch:
Arbeit als solche
ist nicht der Sinn des Lebens.

Was gibt meinem Tun den Sinn?
Wie wird das harte „Müssen
zum köstlichen Geschenk des „Dürfens"?

Wenn ich das Du gefunden habe,
dem alles dienen kann,
dann wird das Tun Bedürfnis.

Dir, dem Geliebten,
darf ich alles tun;
Du machst die Pflicht zur Freude,
die Arbeit ebenso,
wie auch das Tun des „Arbeitslosen".

Du bist Ursprung, Inhalt und Vollendung,
Dir gehört mein Tun.
Du, Schöpfer,
hast uns geschaffen,
damit wir Dich
in unserem Schaffen finden.

Feiertag

Sich er-innern

Es gibt Tage,
die Gott gemacht hat,
damit wir in der Zeit
das Ewige
er-leben.

Niemand kann von „außen" leben.
Die Freude kommt von innen,
von dort, wo alles ewig ist,
die Liebe und das Leben.

Feier ist Er-Innerung;
der Eintritt in das Eigentliche,
das sich äußert
im Geschehen der Zeichen.

Die Sinne und die Zeichen
leiten mich dorthin,
wo ich das Übersinnliche empfange
und letzter Wahrheit inne werde.

Die Zeit,
die ich zum Feiern brauche,
macht das Ewige gegenwärtig:
Zeit wird Ewigkeit,
Ewigkeit wird Zeit;
ich habe den Himmel
schon auf Erden.

Was einmal geschah,
wird neu und immer wieder
zum Erlebnis,
in der Erinnerung,
beim feierlichen Tun.

Was anderen einmal alles war,
kann auch mir
heute alles werden.

Heute ist *er* mir geboren.
Heute wird *er* eins mit mir im Brot.
Heute ist *er* auferstanden.
Ich bin von seinem Geist ergriffen.
Gott ist mir vertraut.

Freier Tag

Frei sein

Frei sein,
fort-fahren.
Neues sehen,
anderes erleben;
das Alte loslassen,
auf Distanz betrachten.
Und schließlich neu
ans Alte gehen.

Wer anderes erlebt,
bringt anderes in sein Leben,
wird anders,
ändert sich,
ist unterwegs.

Ein anderer
geht vielleicht gar nicht fort
und ist doch unterwegs:
Er läßt die Menschen
und die Dinge
ganz einfach sein.

Und siehe da:
Sie begegnen ihm
immer wieder neu.
Er ist unterwegs – am Ort.

Einmal
müssen wir alle gehen.

Spielen können

Spiel ist das Wichtigste,
was es gibt.
Aber wenn das Spiel ernst wird,
ist es aus.
Wer nicht mehr spielen kann,
hat verspielt.

Der Glücksspieler spielt nicht;
er verkauft sich dem Nichts.
Der Erfolgsmensch spielt nicht;
er leistet – und verkauft sich nur an sich selbst.

In jedem steckt etwas von beiden Typen.
Der wahre Spieler kann absichtslos
mit Menschen und mit Dingen umgehen;
alles wird ihm zum Erlebnis,
zur Begegnung.
Er will das Glück nicht zwingen,
darum hat er's.

Das Leben ist ein Spiel.
„Was nützt es, wenn einer alles erreicht
und dabei sein Leben verliert!"

Geburtstag

Da-Sein

Mein Dasein freut mich erst,
wenn sich die andern freuen,
daß ich da bin.

Ich bin das,
was ich den andern bin;
mir selbst
kann ich nichts sein.

Aufmerksamkeiten,
Worte, Gesten und Geschenke,
lassen mich erleben,
daß ich „erkannt"
und „wahrgenommen" bin.

In der Geburtstagsfeier
darf ich immer wieder neu
geboren werden.

Doch wären letztlich
alle Menschen überfordert,
wenn sie mich
glücklich machen müßten.

Er, der mich immer glücklich macht,
ist kein Mensch,
er *wohnt* im Menschen,
der liebend sich verschenkt.

Er ist selber Mensch geworden
und hat sich liebend
allen hingegeben.
Er will mir alles sein,
und auch ich darf ihm
alles sein.

Er gibt mir mein Dasein.
Dort, wo sich Menschen
„alles" sind,
ist er dies „alles".

Wenn ich dich nur habe,
frage ich nicht mehr.
Du bist mein alles.

Namenstag

Gerufen sein

Mein Name, –
das bin ich.
Wer mich beim Namen ruft,
meint mich, –
mich, wie ich bin.

Wenn du meinen Namen rufst,
rufst du mich.
Ich bin auf-gerufen,
herausgerufen aus den harten Schalen
meines unbewußten Daseins.

Ich bin „außer mir",
und ganz „ich selbst"
in meinem Glück.
Wenn du mich rufst,
bin ich ganz „außer mir"
und ganz bei dir.
Wir sind eins,
wenn mein Name tönt
in deiner Stimme.

Der Name,
in dem du mich an-gehst
kommt nicht von mir.
Du hast ihn mir gegeben;
mein Name
kommt von deinem Namen,
der über alle Namen ist.

Laß mich meinen Namen hören,
damit ich mir nicht selbst
einen Namen machen möchte,
den niemand rufen kann.

Nur du
kennst meinen Namen.
Du weißt um mich
und kennst mich besser
als ich mich selbst.

Ich fürchte mich nicht mehr,
denn du hast mich gerufen
bei meinem Namen,
bei deinem Namen.

Hochzeit

Eins-Sein

Wenn sich zwei Menschen einen,
ist dann die Mark
nur fünfzig Pfennig wert?

„Einen"
ist nicht „Halbieren"
und auch nicht „Summieren"
von „zwei Hälften".

Eins-Sein ist mehr,
ist unendlich viel,
ist alles.

Im Eins-Sein
vergeht mein Ich
im Du;
dein Ich
ist ganz in mir verschwunden.
Wer ist dann noch da,
wenn wir beide
in-ein-ander
ganz verschmelzen?

Er ist da,
er, die „Mitte",
die alle Einheit schenkt,
wenn Menschen sich zusammentun.

Er schafft aus dem Ich und Du
das Wir,
aus dem das neue Ich und Du
geboren wird.

Niemand kann sich selber einen;
wer es versucht,
verursacht nur
Entfremdung und Entzweiung;
er muß sich die wahre Liebe
zunächst gefallen lassen
als Ent-täuschung.

Wir sind und bleiben
immer Egoisten,
die sich selber täuschen und betrügen.
So brauchen wir
die „Gnade der Ent-täuschung".
Wer sich nicht scheut
vor dieser „Gnade"
und auf Gott, die Liebe, selbst vertraut,
der darf auf viele Weise
„Einigung" erleben:
das Glück des Einsseins
mit sich selbst,
mit einem Du,
mit Gott.

Ver-traut sein

Ich traue dir,
du traust mir,
wir sind uns
vertraut.

Wer traut sich zu
zu trauen?
Wer verzichtet schon
auf Sicherheit
und Garantie?

Meistens trauen sich die Menschen
nicht zu trauen;
darum sind sie auch nicht treu.

Ich traue mir erst,
ich traue dir erst,
wenn du dich traust,
mir zu vertrauen.
Wer fängt mit dem Trauen an?

Wenn wir nur auf uns vertrauen,
können wir uns niemals trauen,
weil wir aus eigener Kraft
nicht treu sein können.

Wer traut uns,
damit auch wir uns trauen
und vertrauen
auf die Treue?

Gott ist getreu,
er traut uns
und betreut uns
mit seiner Liebe.

Auf seine Liebe
können wir vertrauen;
sie macht uns
trauend, treu und glücklich.

Jubiläum

An-erkennen

Die Zeit bringt es mit sich,
daß ich schon hier
die Früchte sehen darf,
die durch mich
gewachsen sind.

Ich kann und darf und soll
mich sehen lassen
mit den Früchten meines Lebens.
Ich bin nur der Stamm,
der Ort, der Träger,
an dem das Leben
fruchtbar wurde.

Und auch der „Stamm"
„stammt" nicht aus sich,
auch er
ist Frucht des Lebens.

So ist alles
Frucht, Geschenk und Gnade,
und ich
bin „ganz dabei".

Ein Narr ist,
wer sich selber preist
und preisen läßt,
weil er Erzeuger und Produkt
verwechselt.

Nur einer ist zu preisen,
der in allem Großes tut.
Wenn ich ihn an-erkenne

als den Geber aller Gaben,
dann bin ich selber an-erkannt
als der, den er aus mir gemacht hat.

Für Gott ist alles brauchbar;
er „ver-wertet" auch das Schwache,
nichts ist für ihn „minder-wertig".

So hat jeder
immer Grund zum Feiern,
weil Gott ihn restlos anerkennt.

Bei dieser Anerkennung
ist es nicht mehr wichtig,
wieviel ich aufzuweisen habe
und wie viele dies bewundern.
Wer Gott wirken läßt,
darf immer jubilieren
und sich über Anerkennung freuen.

Abschied

Verbunden sein

Die Wege trennen sich,
dazwischen liegen Raum und Zeit.
Doch Raum und Zeit
vermögen nichts zu teilen,
was wahrhaft eins geworden ist.

Du bleibst mir Gegenwart
in der Erinnerung
und in den Zeichen
deiner Nähe.

Deine Stimme
habe ich im Ohr,
ich fühle mich angeschaut
von deinen Augen.

Dein Wesen lebt
an allen Orten
und in den Dingen,
die uns vertraut sind
aus der Gemeinsamkeit.

Die Blumen, die du liebtest,
die Wege, die wir gingen,
deine Handschrift – alles,
was ich von dir habe –,
wird zur Brücke,
auf der du immer
zu mir kommst
und ich zu dir.

Die Kraft die uns verbindet,
wirkt über Raum und Zeit.
Ich muß das sehen, was ist;

ich darf mich nicht verschwenden
für das, was nicht ist, –
und mich selber quälen.

Gott ist und bleibt
die sichere Brücke,
die uns verbunden hält,
selbst wenn der Tod uns trennt.

Durch Die Monate

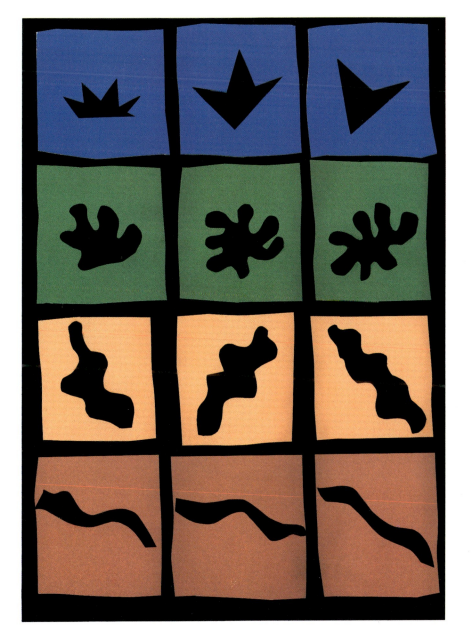

Januar

König sein

König werden, –
eine Krone bekommen:
über sich hinauswachsen
oben,
wo man mit dem Kopf
zu Ende ist.
Das kann keiner selber machen.

Die Krone
wird mir aufgesetzt
vom König,
der nicht im Palast wohnt,
sondern dort,
wo wir Könige nicht vermuten,
draußen, –
in der Krippe,
im Elend meiner Gegenwart,
in meiner Not.

Da bleiben,
nicht fliehen.
Ihn finden,
gekrönt werden.
„Behalte, was du hast,
damit dir niemand
deine Krone raube!"

Zukunft haben

Wer offen ist,
wer Gott,
dem Leben,

traut,
kann das, was kommt,
auch kommen lassen.

In allem –
auch im Leid –,
ist die Kraft
des Lebens,
die mich verwandeln kann.

Alles,
was auf mich zukommt,
ist Geschenk
des Lebens,
ist Geschenk von Gott.
Was kommt,
läßt er zukommen.

Mein Ja
ist meine Zukunft.
Was immer auch kommt:
Ich habe Zukunft.
Gott ist jetzt schon
meine Zukunft.

Herr werden

Kämpfen,
mit Gewalt
den Sieg erringen!
So hoffen viele,
das Leben zu bezwingen.

Sich nur nicht
unter-kriegen lassen!
Diese Parole
führt zum Wahn,

daß ich mich immer
als der Stärkere
fühlen muß.

Herr werden
kann ich aber nur
in Nebensachen.

Herr des Lebens,
meines Lebens,
meines Glücks,
bin nicht ich.

Nur einer
ist der Herr.
Wer ihm dient,
wird Herr,
wird allem Herr.

Februar

Außer sich sein

Ich bin außer mir vor Freude, –
ich bin ganz aus dem Häuschen!
Die Freude, das Leben,
hat mich herausgeholt
aus dem Müssen meines Alltags.

Wenn „es" mich gepackt hat,
dann erlebe ich mich selbst,
und auch die anderen
lernen mich erst richtig kennen.

Wenn „es" mich nicht packt
und ich mich nur selber packe,
dann verkomme ich
in meinem engen Ich.

Ich bin ganz außer mir,
„ent-setzt" – vor Leid und Schrecken,
herausgeworfen aus meinen Bahnen.
Das Entsetzliche schreckt mich auf
aus der bequemen Selbstzufriedenheit.

Freude und Entsetzen liegen eng beisammen.
Was, wer packt mich so,
daß ich außer mich gerate?
Er ist's.

Lachen können

Wie kann jemand
nichts mehr
zum Lachen haben,

wo doch alles
zum Lachen ist?

Der Mensch hat
als einziges Geschöpf
die Fähigkeit
zum Lachen.
Und wenn er lacht,
erträgt er alles,
sogar die Wahrheit,
sogar sich selbst.

Wer durch die Dinge schaut,
durchschaut
die letzten Weltprobleme
und wird am letzten Tag
noch lachen können.

Humor ist das einzige,
das man im Leben
ernst nehmen muß;
alles andere muß man
mit Humor nehmen.

Verrückt sein

Es ist normal,
daß sich die Menschen freuen,
wenn sie nicht normal sein müssen,
wenn sie verrückt sein dürfen,
ohne daß man sie
für verrückt erklärt.

Es ist ein böser Scherz,
daß wir diejenigen
oft für verrückt erklären,
die das Vergängliche

– Ansehen, Erfolg und Geld –
auch als vergänglich nehmen
und sich daran freuen –
wie an einem Luftballon,
wie an Konfetti.

Die „unverrückbaren Normalen" –
sind sie nicht
die Verrückten?

März

Sich ver-lassen

Der Winter ist der Schoß des Frühlings;
am kahlen Zweig quillt schon die Knospe.

Es stirbt nichts,
um für immer tot zu sein;
aus jedem Grab, aus jedem Kreuz,
entsteht ein neues Leben.
Darauf kann ich mich verlassen.

Wer sich auf sich selbst verläßt
in seinem Lebenshunger,
oder auf die Macht von Menschen,
den wird das Leben selbst
enttäuschen müssen.

Ich muß mich so lassen, ver-lassen,
daß mein kleines Ich dabei verschwindet.
Ich muß ablassen von mir selbst,
vom Wahn, daß ich das Leben
mir selbst entwerfen und verschaffen könnte.

In allem darf ich mich auf Gott,
das Leben selbst, verlassen.
Wer sich verlassen kann,
wird nie verlassen sein.

Den Tod nicht schauen

Wir wollen immer
vorher wissen,
was hernach kommt;

wir wollen auferstehen,
aber nicht sterben.

Daß mich der Tod
nicht tötet,
werde ich erst erleben,
wenn ich selbst gestorben bin.

Damals ist den Frauen
das Grab eröffnet worden.
Das Osterlicht erleuchtet ihr Entsetzen,
so daß sie den geliebten Meister
nicht mehr bei den Toten suchen müssen.

Sein Grab
ist uns allen aufgegangen;
es läßt uns das Innere
des Todes sehen:
Licht und *Leben*.

Im Osterlicht
keimt neue Hoffnung,
in der wir den Tod
nicht schauen –
in Ewigkeit.

Das Leben sehen

In jeder Erde
geht das Leben auf.
Es gibt nichts,
das nicht in irgendeiner Form
dem Leben dient.

Wer hat wohl das Wort
und den Begriff
vom Tod erfunden?

Der Mensch hat sich angemaßt,
selbst zu bestimmen,
was das Leben ist.
So entsteht der Tod dort,
wo der Mensch das Leben
nicht mehr an-erkennt.

Doch das Leben,
– Gott –
ist gnädig:

Er geht selbst hinein
in unseren „selbstgemachten" Tod,
damit wir sehen können,
daß es auch im Tod
nur das Leben gibt.

April

Sich alles gefallen lassen

Wie das Wetter, so ist das Leben.
Es gibt nichts, was es nicht gibt.
Doch alles kommt aus einer Wurzel:
Leben, Liebe, Gott.
Auch das Böse offenbart das Gute,
wie das Negativ das Positiv erkennen läßt.

So darf ich schließlich alles
mir gefallen lassen;
denn in allem kann man etwas Gutes finden.

Mancher wird vergrämt,
weil er sich nur gefallen läßt,
was seinem Eigensinn entspricht,
und das ist meist sehr wenig.

Ich laß mir nichts gefallen,
von niemand und von nichts, –
darum gefällt mir nichts,
und ich gefalle keinem anderen.

Wer sich nichts gefallen läßt,
dem kann auch nichts gefallen.
Wer das Gute sucht in allem,
der wird überall Gefallen finden:
am Leben, – wie es ist.

Wahrheit finden

Wir schicken uns alle
selbst in den April,
wir machen uns etwas vor.

Wir lieben
unsere Lebenslügen so,
daß wir ohne sie
fast nicht mehr leben können.

Wer wird mich befreien,
ohne daß ich zerbreche?

Wenn aber einer kommt,
der mich liebt
samt meiner Lüge
und sagt:
„Komm runter!
Ich muß heute bei dir bleiben",
dann gehen mir
die Augen auf.

In seiner Nähe
erkenne ich,
wie falsch ich liege,
und bin zugleich geborgen.

In seiner Nähe
kann ich auch den anderen lieben
samt seiner Lüge.

Gleich-gültig sein

Regen, Schnee, Sonne,
Wind und Wolken, –
Lachen und Weinen,
Freude und Leid,
Leben und Sterben,
– alles ist eins,
alles ist gleich gültig.

Überall ist Sinn,
auch wenn ich ihn
noch nicht erlebt habe.

Es gibt nichts,
dem erst ich den Sinn
verleihen müßte.

Vieles verliert
durch mich den Sinn,
weil ich es meinen
Zwecken unterordne.

Gott ist der Sinn
von allem;
deshalb kann alles
gleich gültig sein.

Wem alles gleich gültig ist,
dem ist nichts mehr
„gleichgültig".

Mai

Leben haben

Vögel fliegen,
bauen Nester,
füttern die Jungen:
Sie tun das Ihre
genau, gewissenhaft.
Aber das Leben
ist ihnen geschenkt.

Blumen wachsen,
blühen,
tragen Frucht.
Sie tun das Ihre
genau, gewissenhaft.
Aber die Schönheit
ist ihnen geschenkt.

Und ihr?
„Seid ihr nicht
viel mehr als sie?
Also: Sorget nicht!"

Tu das Deine,
aber besorge nicht
das Unbesorgbare!
Laß es dir schenken-
laß dich beschenken!

Brunnen werden

Der Mensch
kann niemals Quelle sein,

er kann sich nicht
selbst bewässern,
er muß sich bewässern lassen.

Wasser ist genügend da,
ausgegossen in Fülle
über alle;
aber es dringt nicht ein
in unser imprägniertes Leben.

Ich muß mich öffnen,
um die Wasser von oben
aus der Tiefe
zu empfangen.

Ich muß mich öffnen,
damit andere
aus mir trinken können.

Wenn die lebendigen
Wasser strömen,
bin ich Brunnen,
bin ich *ich* geworden.

Das Wasser selbst,
sein Geist,
macht mich zum Brunnen.

Blühen

Wer Blumen abreißt,
um sie ganz für sich
zu haben, –
dem welken sie.

Und die Blume,
die sich nur für einen
öffnen soll,
kann nicht blühen.

Ich darf nicht
das Einzigartige
isolieren,
sonst stirbt es.

Und doch muß ich
das Einmalig-Einzigartige
erleben,
damit ich sehen kann,
wie alles blüht.

Im Blühen
öffnet Gott
die Augen.

Er ist für alle da,
und für jeden
ganz besonders.

Juni

Gesegnet werden

Sonne und Regen,
„alles Gute",
aller Segen
kommt von oben.
Läßt wachsen, blühen, reifen.

Wo etwas reift,
wo etwas sich entwickelt
zum Guten, zum Schönen, –
zur Freude,
ist es angestrahlt
und betaut
von oben.

Nur Einer ist gut.
Ohne ihn
kann nichts,
kann niemand
gut sein, Gutes tun.

Alles, – jeder
muß sich aussetzen,
der Sonne und dem Regen,
dem Segen.
Immer wieder.

Wo etwas gut wird, gut ist,
bin nicht ich der Ursprung,
sondern er,
der mich gesegnet hat
und mich zum Segen macht
für andere.

Wo Güte und Liebe,
da ist Gott.

„Du sollst
ein Segen sein
für alle!"

Bitten können

Wir Egoisten sind es gewohnt,
nur um das zu bitten,
was uns fehlt.
Das, was wir schon haben,
beglückt uns oft so wenig.
Wir nehmen es
ganz selbstverständlich
und nicht mehr als Geschenk.

Wenn ich um das bitte,
was schon ist
und was ich schon habe, –
dann wird mir die Gegenwart
neu zum Erlebnis,
zum Geschenk.

Ich bitte,
und schon bin ich erhört,
weil ich alles, was ich habe –
Menschen, Dinge, Wirklichkeiten –
neu empfange.

Irgend etwas ist immer,
und wäre es nur der Regentropfen,
der meine Nase streichelt,
oder die Luft,
die mir die Tränen trocknet.

Bittet,
und ihr werdet *empfangend!*

Beschirmt sein

Zu viel Sonne,
zu viel Regen
machen krank.

Ich brauche von allem;
alles
ist für mich zu viel.
Ich müßte sterben,
wenn ich alles hätte.
Und doch will jeder
immer alles haben.

Wer schirmt mich ab,
wer schützt mich
wor mir selbst?

Er, der alles ist,
ist mein Schutz
und mein Schirm,
weil er nicht alles gibt,
sondern nur so viel,
wie ich brauche.

Was mir jetzt
fehlt und abgeht,
das wäre jetzt
für mich zu viel;
was ich habe,
ist immer auch
genug.

Juli

Stehen lassen

Unkraut und Weizen.
Wo etwas wächst,
wächst beides zusammen.
Wer das eine ausreißt,
nimmt das andere mit.
Und wer weiß schon,
was wirklich Unkraut ist?

Jeder Mensch ist ein Acker
mit Unkraut und Weizen.

Wir können spüren,
daß wir immer
gut und böse zugleich sind.
Bei allem,
was wir haben, sind und tun,
auch beim kleinsten,
ist das Böse mit dabei.

Wer von sich aus
trennen, jäten will,
schafft nur wieder Böses.
Nur *er*
kann trennen, richten,
reparieren.

Wer ihn wirken läßt,
wird jetzt schon
reiner, besser, freier.

Und was jetzt noch nicht geschieht,
– weil es unsere Ungeduld verhindert:

Er
wird es an unserem Ende
richten.

Sich finden

Ich muß heraus
aus dem Gewohnten,
aus meinem Schneckenhaus,
wenn ich Neues finden will.
Dann kann es geschehen,
daß ich irgend etwas finde:
ein Blatt, einen Stein, –
alles ist möglich.

Ich bin beglückt,
weil ich etwas gefunden habe
und spüre,
das hat mir jemand hingelegt.

Wer hat was –
wer hat wen gefunden?
Ich habe gefunden
und ich bin gefunden.

Von wem?
Von dem,
der auch in kleinsten Dingen,
in unscheinbarsten Gesten
nur das Verlorene sucht:
mich.

Ich bin gefunden
und kann wieder leben.

Sich er-holen

Bei zu viel Tempo
geht stets etwas verloren.
Mancher kommt ins Rasen,
aus Angst,
daß er etwas versäumt von dem,
was man im Leben haben könnte.

Er hat erreicht,
was er sich
„vorgenommen" hatte.
Doch muß er erleben,
daß er unterwegs
sich selbst
verloren hat.

Liegen lassen!
Umkehren
und sich selber
holen!

Gott
ist „reich an Gunst",
Er
gönnt mir das Leben.

Wenn auch ich
es mir vergönne,
bin ich erholt
und gehe nicht
verloren.

August

Gesund sein

In den Ferien
sind die meisten Menschen
gesund.
Weil sie nicht „müssen",
sondern „dürfen".

Viele haben es verlernt
oder man hat es sie nie gelehrt.
Deshalb haben sie auch im Urlaub
keine Ferien,
keine Freiheit,
keine Freude
und sind krank.

Man kann das Dürfen
nicht erzwingen.
Einer
gab dem Sein das Dürfen
und ganz besonders uns,
den Menschen.

Wer sich ihm läßt,
ihm, dem *Leben,* –
und dieses Lassen lebt,
ganz praktisch bei den Menschen,
der lernt das Dürfen,
auch wenn die Welt
voll Zwang und Müssen ist.

Er kann krank sein,
und ist doch gesund, –
arm,
und doch sehr reich, –

am Ende,
und doch stets am Anfang,
weil er alles
darf.

„Kommt,
die ihr bedrückt seid,
bei mir dürft ihr sein."

Überblick haben

Ich sehe mich nicht hinaus,
sehe nicht dahinter,
ich bin „down",
ganz unten.

Ich schaue nicht durch,
weil ich den falschen Standpunkt habe,
den falschen Blickwinkel.

Ich brauche den Berg,
die Höhe,
den Blickwinkel von oben,
sonst sehe ich nie,
wie alles in Beziehung
zueinander steht.

Jeder Berg,
den ich ersteige,
läßt mich erahnen,
daß es Höhe gibt –
auch für mich.

Gott,
du meine Höhe!

Das Weite suchen

Meer, Wolke, Wüste,
das tiefe Blau am Himmel,
– deine Augen –
sind das Weite.

Meine Heimat
ist das Grenzenlose.
Fernweh ist Heimweh;
Sehnsucht
hat keine Grenzen.

Am Horizont,
dort, wo mein Blick
zu Ende ist,
dort geht es weiter
ins Un-ab-sehbare.

Im Unabsehbaren
bist du, –
die Sehnsucht meines Herzens.

Du kennst mich.
Ich brauche nicht zu fliehen
vor meinen Grenzen;
ich darf
in meinen Grenzen
das Weite suchen, –
dich finden.

September

Erfüllt sein

Die späte Sonne macht das Leben voll;
alle Bitternis des Wachsens
wird erfüllt von Süßigkeit.

Das Viele, das ich durchzumachen habe,
dient nur dem Ziel,
erfüllt zu werden –
von Glück und Frieden.

Wer in der Mühsal seines Lebens
die „süßen" Augenblicke sammelt,
wer *lebt*
und sich nicht ver-lebt
in Habgier und stumpfer Sinnenlosigkeit,
der wird erfüllt von diesen Augenblicken.
Wenn dann im Herbst die Kräfte schwinden
und der Schaffensdrang erlischt,
dann ist das ganze Dasein
voll vom Lebenssinn,
der unvergänglich ist.

Durch die Fülle
eines reichen Lebens
schimmert schon das Ewige
und gibt all denen Zuversicht,
die noch mit der Leere kämpfen.

Geschüttelt werden

Immer wieder
muß von außen her

der Anstoß kommen,
damit etwas „auseinandergeht".

Der Wind
muß dafür sorgen,
daß abfällt,
was herunter muß.

Geschüttelt werden
tut oft weh.
Es macht Angst
vor dem Verlust,
weil wir uns nicht
trennen können
von dem,
was wir nicht brauchen.

Wenn der Sturm kommt:
Laß dich schütteln!

Die Trennung
bringt Freiheit
und den neuen
Lebensraum.

Ertragen

Was reifen soll,
muß er-tragen werden;
jede Frucht ist ein
„Erträgnis".

Woher nehme ich
die Kraft zum Tragen,
wenn mich die Frucht
belastet,
wenn mir das

zu schwer wird,
was mir das Leben bringt?
Ich bin ja auch nur Frucht,
die immer noch
getragen wird,
weil sie am Reifen ist.

Es ist ein anderer,
der alles trägt,
den Baum
samt seiner Frucht,
– mich
samt meiner Last.

So kann ich das ertragen,
was für meine Kräfte
un-erträglich wäre.

Oktober

Früchte tragen

Plastik-Äpfel
sind keine Früchte.
Sie sind gemacht
und nicht gewachsen.

Frucht ist Leben:
Knospe, Blüte, Frucht, Same.
Leben vom *Leben*.

Unserem Leben
fehlt oft die Frucht.
Wir machen zu viel
und lassen zu wenig wachsen,
wir lassen keine Zeit zum Reifen.
Die Freude an der Frucht
kommt vom Erleben ihres Reifens
– nicht vom Besitz des Fertigen.

Wie es anfängt,
wie es Stück für Stück,
Phase für Phase
weiterwächst,
wie es sich bewährt
im Widrigen,
wie es Saft und Farbe gewinnt
bis zur prallen Fülle des Lebens,
das sich stets verjüngt.

Alles hat seine Zeit,
alles braucht seine Zeit.
Warten, schauen
und „Früchte tragen
in Geduld".

Welken dürfen

Der Saft
verströmt sich
in die Frucht.
Hier gibt es
kein Zurück;
der Baum
kann seine Frucht
nicht selbst verzehren.

Verausgabt,
saftlos, welk!
Das ist das Ende –
und zugleich der Anfang
für den neuen Frühling.

Hoffnung,
Freude, Glück
entstehen nicht
dann und dort,
wo ich voll Saft und Kraft sein muß,
sondern wo ich welk und schwach sein darf.

Du, mein Du,
bei Dir darf ich welken,
Du wirst meine Stärke
in meiner Schwachheit.

Fallen lassen

Alles fällt nach unten:
die Blätter,
die dürren Zweige,
alles, was keinen Halt mehr hat,
was nicht mehr stehen kann.

Und da geschieht es,
daß einer alles auffängt,
alles aushält, alles trägt:
der Boden.

Zieh deine Schuhe aus,
damit du mich spürst:
Ich bin es, – dein Boden –
heiliger Boden.

Ich trage dich immer
von klein an
bis ins hohe Alter.
Ich mache dich gelassen.
Du kannst gehen,
stehen, fallen oder liegen:

Ich
trage dich immer
und mache dich
zum Boden für andere.

November

Weiter-kommen

Wer sich selbst ein Ziel setzt,
setzt sich ein Ende:
Was ist,
wenn er das Ziel nicht erreicht?
Was ist,
wenn er das Ziel erreicht
und kein Ziel mehr hat?

Die wahren Ziele
sind nur kleine Teilziele
der Unendlichkeit.

Wer mit „Teilzielen" lebt,
wer sich begnügen kann
mit kleinen Zielen,
ist immer „im Kommen",
ist immer am Anfang
und im Ziel zugleich.

Das unendlich Ferne
wird unendlich nah
für den, der im Kommen ist.
Ferne und Nähe
sind eins
in uns.

In unserem Kommen
ist Gott.
Gott – ist im Kommen.
Sein Kommen
ist unser Kommen.
Kommen können!

Auch der Körpertod
ist nur ein Teilziel
in seinem und in unserem Kommen.

Gott,
keiner kommt dir gleich,
aber alle kommen wir dir,
allen kommst du
näher.

Sterben dürfen

Das Schlimme am Sterben
ist das Müssen. –
„…dann müßt ihr sterben!"
Das ist der Fluch der Sünde.

Die Liebe aber
verwandelt alles Müssen
in ein Dürfen.
Die Liebe
macht mich frei,
von allem Haben- und
Besitzen-Müssen.
Sie macht alles
zum Be-dürf-nis.

Jedes Ende
wird zum Anfang.
Jedes Ende
wird zum Zeichen
für das Neue, Größere.

Wer an Gott,
die Liebe, glaubt,
muß den Tod nicht schauen.
In unseren Augenblicken
wahrer Liebe
wird uns das bewußt.

Weg-gehen

Die Sonne,
das Jahr,
die geliebten Menschen,
alles – geht weg,
geht seinen Weg.

Ich muß alles
weg-geben,
auf seinen Weg geben.

Ich muß selber
weg-gehen,
meinen Weg gehen;
weg –
von meinem kleinen Ich,
das nur die Grenze kennt.

Jeder Abschied,
jede Trennung,
ist Signal zum Aufbruch,
Signal des Lebens:
von Gott,
„der meinen Fuß
ins Weite stellt".

Wer weg-(Weg-)geht,
der kommt immer an.

Dezember

Du bist da…

Solange du da bist,
wenn du nur da bist,
kann ich sein,
kann ich leben.

Ich
kann nur für dich da sein,
wenn du mich sein läßt,
nicht zwingst
in dein System,
in deine Leere.
Ich
kann nicht deine Leere füllen,
ich kann nur deine Weite sein.
Wenn du weit bist,
ist deine Leere überwunden.

Du
mußt mich kommen lassen,
auch dann, auch dort,
wo du nicht mit mir rechnest,
wo deine Rechnung
nicht mehr stimmt, –
um Mitternacht
im Stall.

Er
ist gekommen,
das Du für alle;
Er ist da –
heute.

Im Licht sehen

Die Farbe des Lichts bestimmt,
wie wir Wirklichkeiten sehen:
grau in grau,
rosarot,
oder nur mehr schwarz.

Im ewigen Licht der Liebe
hat selbst das Schlimmste
seinen hellen Funken.
In diesem Licht
kann ich in allem
und in jedem
noch das Gute sehen.

Das ewige Licht
ist uns geboren.

In seinem Licht
wird auch die tiefste Dunkelheit zur
Heiligen Nacht.

Überrascht sein

Das Überrascht-Sein,
das Betroffen-Sein von Freude
ist die Seele des Geschenks.

Viele Geschenke sind leer.
Sie erfreuen nicht,
obgleich sie teuer waren:
Gaben, Abgaben,
Gratifikationen ohne Seele.

Geschenk ist Risiko.
Es überrascht den Schenkenden
wie den Beschenkten.

Im Schenken und Beschenktsein
kommen Menschen zueinander.
Der Mensch selbst ist Geschenk
für den Beschenkten.

In jedem echten Schenken
ist Gott im Spiel.

Ein *Mensch* ist uns allen geschenkt:
„Ein Kind ist uns geboren,
ein Sohn ist uns geschenkt."

Teil 2

ZEITLICH SEIN

Halte die Zeit nicht fest;
laß sie kommen, laß sie gehen!
Sie ist ein Stückchen Ewigkeit.
Wer die Zeit festhält,
nimmt ihr die Ewigkeit
und macht sie tot.
Es liegt an dir,
ob die Ewigkeit auf dich wartet
oder der Tod.

Einführung

Die Not des Menschen besteht darin, daß er seine Unerlöstheit täglich spürt und bei aller Anstrengung erfährt, daß er sich selbst nicht erlösen kann. Die vielen Selbsterlösungsangebote unserer Zeit finden großes Echo, weil sie oft in erstaunlicher Plausibilität das Wagnis des vertrauenden Glaubens umgehen, indem sie das Schicksal des Menschen ganz in seine eigenen Hände legen. Andererseits hungert der Mensch nach einem absoluten Angenommen- und Geliebt-Sein, das er nicht selbst erzeugen oder erzwingen kann. Es ist der Hunger nach „Gnade".

Die „Erlösungstat" Gottes besteht darin, daß er dem Menschen in diesem Zwiespalt entgegenkommt. In Jesus gibt sich Gott den Menschen bedingungslos hin, damit die Menschen wieder zum vertrauenden Glauben an das ewige Geliebt-Sein, zum Urvertrauen, zurückfinden und schon jetzt, vor dem Tod, das ewige Glück des Lebens finden. Vom Kind in der Krippe bis zum Schmerzensmann am Kreuz ist das Leben Jesu nichts anderes als bedingungslos liebende Hingabe an den Menschen. Der Tod Jesu beendet diese Hingabe nicht. In der Auferstehung wird sie verewigt und absolut gesetzt.

Wir können das Jesusgeschehen nicht begreifen, ohne daß wir selbst dabei verwundet werden. Jesus bleibt entweder fremd, oder er wird zum „Prozeß" im Menschen, der ihn von aller Spaltung, Schuld und Entfremdung befreit. Die biblischen Jesuserzählungen sind alle „pfingstlich", d.h. sie stammen von Menschen, in denen die Jesuswirklichkeit, die Liebe Gottes, voll aufgegangen und durchgebrochen ist. Die biblischen Autoren wollen uns ja nicht über Jesus informieren; sie wollen uns mit ihren Erzählungen Hilfen bieten, daß auch in uns Jesus, – Gott, – der Geist zum Durchbruch kommt.

Die Texte dieses Teils wollen dazu beitragen, daß wir nicht an vordergründigen sinnlosen Fragen hängen bleiben und uns an unnötigen Glaubensschwierigkeiten aufreiben, sondern daß wir zur Gotteserfahrung gelangen, daß Gott uns und in uns aufgeht.

Menschwerdung

Gott hat sich eingelassen

Wir Menschen sind unaufhörlich auf der Suche nach dem Sinn unseres Lebens und nach einer befriedigenden Interpretation unseres Daseins. Als glaubende Menschen fragen wir immer wieder nach der Verklammerung unseres Daseins mit Gott. Von der Weihnachtsbotschaft her wird klar, daß wir eigentlich gar nicht so sehr nach dem Wie dieser Verklammerung fragen können, daß das Problem, was Gott mit uns tun wird und was er vorhat, gar nicht besteht; denn wir können unser Menschsein als solches bereits nur als ein mit Gott verklammertes erkennen. Extrem formuliert: Nur der Glaubende wird das Wesen Mensch in befriedigender Weise erkennen können. Der Ungläubige (sofern es ihn überhaupt gibt) kann gar nicht bis zum Wesen des Menschen und dem Sinn seines Daseins vordringen, weil er diese Verklammerung ja ablehnt.

Hier drängt sich wieder die Frage nach dem Leid auf. Warum ist so viel Leid und „Verklemmung" im Menschen, wenn er mit Gott verklammert ist? Diese Frage hat keine Antwort. Es gibt nur Hinweise, die vielleicht helfen können, die Frage zu ertragen. Trotz allem Leid und sogar im Leid gibt es noch echte Glückserfahrung. Es gibt eine Basis (Erfahrungsbasis) für das, was wir in Fülle ersehen. Unvollendetes Glück ist nicht unechtes Glück. Unvollendung ist die Erfahrung des Fortschritts und der Dynamik. Sie gehört wesentlich zur Erfahrung des Lebens, das letztlich wiederum Gott ist. Das Glück wird immer als Verheißung auf ein Immer-Mehr erfahren.

Erfüllung ist zugleich immer auch Verheißung. Gerade das ist unsere christliche Heilshoffnung, daß diese Dynamik nicht aufhört, bei allen Wandlungen und Verwandlungen, die wir mitmachen. Auch den klinischen Tod verstehen wir von daher im Sinn von Verwandlung, Übergang, Hinübergang, wie wir es vorher auch nicht wesentlich anders erlebt haben, nämlich überall dort, wo wir das Leben erfahren haben. Jeder stirbt seine vielen Tode!

Mit dem Kind liegt bereits der „Ecce homo" in der Krippe. – Wenn wir an die Menschwerdung glauben, dann ist auch nicht mehr zu leugnen, daß Gott gerade unser leidvolles Dasein angenommen hat, daß wir Gott in Jesus nicht als den „ganz anderen", sondern als den „ganz Unsrigen" erfahren.

Wenn wir in unserer Zeit, in der antike und mittelalterliche Denkweisen für die Bewältigung des Daseins nicht mehr ausreichen, nach neuen

Begriffen und Denkmöglichkeiten ausschauen, um die Weihnachtsbotschaft und die Botschaft von Jesus überhaupt in ihrer Bedeutung für unser Leben zu erfassen, mag das Wort „sich einlassen" eine kleine Hilfe sein. Gott hat sich eingelassen auf den Menschen.
Das Sich-Einlassen ist eine Wirklichkeit, die in unserem Erfahrungsbereich liegt, über die wir zu Erkenntnissen gelangen können. Dieses Sich-Einlassen Gottes äußert sich eben im Kind, ist das Kind, ist ein ganz und gar menschliches Sich-Einlassen.
Wo sich Jesus auf die Menschen im einzelnen eingelassen hat, ist die Wirklichkeit Gottes sichtbar geworden: Es geschah Befreiung, Ent-setzung, Leben, Not-wendung, Unerwartetes, Paradoxes. Vgl. hierzu die Wundererzählungen.
Dasselbe können wir heute auch noch beobachten, daß ein Mensch durch den Glauben oder durch die Begegnung mit einem Glaubenden fertig wird mit seinem Schicksal, daß er – obwohl er noch atmet – bereits hinüber ist, daß er Hoffnung hat und glücklich ist, obwohl er vielleicht schon um seine medizinische Todesursache weiß.
Wo sich Menschen aufeinander einlassen, geschieht das, was Gott für uns ist: Befreiung, Rettung, Erlösung, freilich in der vorhin beschriebenen Unvollendung.
Wir gehen davon aus, daß durch die Geburt des Kindes in jeder menschlichen Begegnung das Brudersein Gottes verwirklicht und erfahrbar werden kann; das gegenseitige Sich-Einlassen gibt das Wie dieses Vorganges an. Gott hat sich eingelassen auf die Menschen. Darum kann im menschlichen Sich-Einlassen Gott erfahren werden.
Man könnte in meditativer Schau dieses menschliche Brudersein und das Sich-Einlassen als die Verwirklichung und Konkretisierung jenes Wahrheitskomplexes erachten, der mit der „dritten göttlichen Person" gemeint ist.
In gleicher Weise könnte man sagen: Gott hat sich dem Menschen in die Hand gegeben, nicht als ob der Mensch über Gott und Gotteserfahrung verfügen könnte, – sondern in der Weise, daß der Mensch an der Basis mitwirken kann, auf der jenes Ereignis beruht. Sogar in menschlicher Bosheit kann Gott, wenn auch ganz selten, noch erfahren werden!
So gesehen hat es einen guten Sinn, von menschlicher Miterlöserschaft zu sprechen, die für einzelne oder auch für alle Bedeutung gewinnt.
Ein Beispiel: Wenn ich einen Kranken besuche und wirklich an seinem Los Anteil nehme, kann es sein, daß er durch mich (und ich durch ihn)

das Paradox erfährt: das Fertig-Werden auch mit einer Krankheit, die medizinisch unheilbar ist. Wir sollten überhaupt die Heilungswunder primär nicht medizinisch verstehen!

Es liegt natürlich durchaus im Bereich der Möglichkeit, daß solche inneren Heilsereignisse auch ihre biologische Auswirkung haben. Banal und doch – besonders was die Psyche betrifft – sehr real ausgedrückt: Glauben macht gesund (obwohl man natürlich nicht zum Zwecke der Gesundheit glauben kann)!

Wer Angst hat, Weihnachten trostlos und traurig verbringen zu müssen, der soll doch überlegen, wie er sich auf einen Menschen, der räumlich vielleicht ganz eng mit ihm lebt, in besonderer Weise und aufs neue einlassen kann. Und wer keinen Menschen weiß, der suche einen. Vielleicht nimmt er ein Kind an „in seinem Namen".

Vom Wort „sich ein-lassen" her und umgekehrt von „jemanden ein-lassen" her wird schon deutlich, daß von den Betreffenden und Betroffenden das gleiche gefordert wird. In irgendeiner Weise muß man sich aufgeben, wenn man sich einläßt oder wenn man jemanden einläßt: Ich muß mich dem anderen lassen, muß meine „Reserven", „Reserviertheiten" aufgeben, ich muß den anderen so lassen, wie er ist, ihn unbedingt und unbeurteilt ein-lassen.

Gott hat sich auf die Menschen eingelassen und sie angenommen, so wie sie sind: mit ihren Sünden und Verbrechen, Morden, Kriegen und anderen organisierten und nicht organisierten Gehässigkeiten. Begreiflicherweise wird Gott dadurch im Sinn der bürgerlichen Moral zu allen Zeiten unpopulär. Das soll nicht heißen, daß Moral und Bürgersinn abgeschafft werden müßten, sondern vielmehr, daß unsere Moral nicht die Kategorie ist, in der das Wirken Gottes erscheint.

Wenn wir das in unserem Bewußtsein realisieren, daß uns Gott zu sich, in sich ein-läßt, so wie wir sind, hören alle Fragen einfach auf, und wir müssen uns „von selbst" ändern.

Das Sich-Einlassen hat eine menschliche Basis, die im allgemeinen bei Kindern ursprünglich vorhanden ist, die Basis des Glücks überhaupt: das absichtslose Dasein; nichts Bestimmtes und doch alles erwarten, sich ganz ver-lassen.

Die Sehnsucht nach der „seligen Kinderzeit" ist nichts anderes als die Sehnsucht nach dieser Geborgenheit und diesem Heilsbewußtsein, das wir größtenteils selbst – wenigstens für gewisse Zeiten – erfahren haben und das wir bei vielen Kindern, die uns begegnen, mit Recht vermuten. Wenn es gelingt, sich frei, absichts- und urteilslos genug zu machen, um

sich auf andere einzulassen, könnte das wenigstens stückhaft erfahren werden, was Erlösung ist: das Frei-Werden, Geheilt-Werden in der Liebe.
Sich einlassen heißt: den anderen nehmen, wie er ist, Schwächen ertragen, nicht dauernd kritisieren und nörgeln, mitdenken, mitfühlen; zu jemandem stehen, für jemanden da-sein; von Einsamkeit, Verlassenheit, Fremdheit, Not erlösen.
Das Sich-Einlassen muß wie gesagt als wechselseitiges Geschehen verstanden werden; einseitig ist es zwischen Menschen nicht möglich. Das ist keine Liebe, die den anderen zum Wohltatenempfänger und Caritasobjekt degradiert.
Wo das Sich-Einlassen geschieht, werden Glück, Freude, Befreiung erfahren. Es kann sein, daß Menschen verzweifelte Lebenssituationen überwinden.
Wenn Liebe auch nur begrenzt erfahren wird, so kann sie doch *echt* erfahren werden. Von daher ist es möglich zu sagen, was Erlösung, Leben und Auferstehung ist. Es ist möglich, zu sagen, wer Gott ist, und daß er da ist.

*Sich einlassen auf die anderen
und darin Gott erfahren:
Das ist der Sinn des Lebens.*

*Sagt einer:
Ich habe mich eingelassen
und bin enttäuscht.*

*Das mag stimmen.
Vielleicht stimmt ersteres nicht,
vielleicht steht letzteres noch aus.
Vielleicht steht er schon
„draußen vor der Tür".*

Es geschah in jenen Tagen

Der Engel des Herrn brachte Maria die Botschaft

Vielen drängt sich bei dieser Aussage die Frage auf, welcher Wahrheitsgehalt dahintersteht. „Kann so etwas überhaupt geschehen?"
Diese Frage ist ebenso begreiflich wie verhängnisvoll. Wer so fragt, will meist ein klares Ja oder Nein hören. Und beides wäre falsch. Man könnte einen Katalog mit ähnlichen Fragen erstellen, für die dasselbe gilt, z.B.:
Haben die Engel gesungen oder nicht? Gibt es jetzt noch Engel oder nicht? Hat Jesus Wasser in Wein verwandelt oder nicht?
Solche Fragen haben etwas Aggressives und Inquisitorisches an sich. Dem Fragenden verleihen sie allerdings das Besitzgefühl des „rechten Glaubens" und die behagliche Sicherheit, für den „rechten Glauben" zu kämpfen.
Aggression, Aufgebrachtsein entsteht immer, wenn die Sicherheit und die Stimmigkeit von lange eingeübten Vorstellungen und Praktiken des Denkens und Handelns in Frage gestellt sind.
Denken wir nur an die Kämpfe in der Zeit des Übergangs vom biblischen zum physikalischen Weltbild! Inzwischen sagen wir zwar immer noch „Die Sonne geht auf" und freuen uns über einen Sonnentag oder einen prächtigen Sonnenuntergang, aber es berührt uns nicht mehr, daß die physikalische Wirklichkeit anders ist, daß eben sich die Erde dreht. Die Wahrheit, die mit dem Satz „Die Sonne geht auf" gemeint ist, blieb uns erhalten; nur die Vorstellung davon hat sich gewandelt.
Die Kopernikanische Wende ist nicht nur eine Epoche in der Geschichte, sondern ein typisches Geschehen, das von jedem Menschen in einer Vielfalt von Variationen immer wieder vollzogen werden muß.
Der Grund hierfür liegt im Fortschritt des Denkens und des Bewußtseins. Es ist begreiflich, daß viele Menschen angesichts der Aufregungen der modernen Zeit wenigstens im Bereich des Glaubens ein Naturschutzgebiet der Ruhe und des Gleichbleibenden erwünschen. Daß dem nicht so ist, kann nicht einigen modernen „Progressisten" oder „ungläubigen Theologen" angelastet werden. Die Wandlung der Vorstellungen betrifft den gesamten Bereich des Lebens, darum ist sie gerade für den Bereich der Glaubenswahrheit höchst aktuell.

Die Inquisition entspringt aus dem Bedürfnis der Selbstbestätigung durch die anderen; wir fühlen uns erst dann wohl, wenn alle anderen zu uns sagen: „Ja, du hast schon recht!" Diese Strebung im Menschen kann man nicht mit gut oder schlecht qualifizieren! Sie ist sogar notwendig, wenngleich wir gerade hier immer wieder an unsere Grenze stoßen und in Lieblosigkeit diese Schranken immer wieder durchbrechen (wenn Rechthaben zur Rechthaberei wird). Hier liegen die Gegensätze haarscharf beisammen: Das Aufmerksammachen auf einen möglichen Irrtum und das Aufzwingen der Wahrheit, das Erwecken zum Leben und das Töten, Koexistenz und Krieg, Liebe und Haß.
Durch die szenische Darstellung von Mariae Verkündigung in der Kunst, durch viele gute und schlechte Bilder von Engelsgeschichten hat sich in unserem Bewußtsein eine *Vorstellung* gebildet, die für viele mit der *Wahrheit* von Mariä Verkündigung identisch geworden ist. Die Folge davon ist, daß es für diese Menschen gewiß die Wahrheit gibt, aber in einer solchen Form, die keine Wiederholung zuläßt, die den Vorgang: „Gott sendet Boten" in die Vergangenheit einsperrt. Die Tatsache, daß Gott heute noch, und auch in unserem Leben, Boten sendet, wird häufig durch die Fixierung auf diese Vorstellung nicht mehr wahrgenommen.
Gewiß kann niemand beweisen, daß es keine rein geistigen, personalen, vom Menschen und von Gott wesentlich verschiedenen Wesen gibt. Aber wie treten diese Wesen in unserem Leben in Erscheinung? Es wäre doch eine recht gewagte Sache, wollte man auf parapsychologischen Phänomenen einen Engelsbeweis aufbauen. Von manchen Menschen wird behauptet, daß sie im vertrauten Umgang mit ihrem Schutzengel gelebt haben. Eine solche Behauptung kann auch nicht als Beweis für alle aufgestellt werden; denn warum erfahren dann nur ganz wenige den Engel als besonderes personales Wesen? Eine andere Deutung solcher Behauptungen ist naheliegender: Das gläubige Leben dieser Menschen verlief in den Kategorien *ihrer* Vorstellungen.
Gott hat sie seine Nähe und seine Hilfe nicht nur trotz ihrer Vorstellungen, sondern gerade in und innerhalb ihrer Vorstellungswelt erfahren lassen. Offenbarung Gottes darf nicht so verstanden werden, als ob Gott von sich aus unmittelbar weltbildbedingte Vorstellungen korrigieren müßte und würde.
Hier stoßen wir zur Lösung des Problems.
Engel, Bote Gottes, ist nicht der philosophische Begriff einer metaphysischen Kategorie von Wesen, sondern einfach Ausdruck und Zeugnis, daß Menschen von Gott her Botschaft (Kraft, Hilfe und Trost) zu-

kommt. Engel meint das *Daß,* nicht das *Wie* dieser Wirklichkeit. Für das Wie der Bote-Gottes-Erfahrung kommt das ganze Spektrum menschlicher Erfahrung in Frage. Die Erfahrung als Gottes- (Engels–) Erfahrung kommt immer im Innern des Menschen zustande.

Ob mir in einer trostlosen Situation ein Mensch begegnet, der mir weiterhilft, ob ich einen für mich bedeutsamen Traum habe, ob ich in einer Vision einen leibhaftigen Engel sehe, ob ich – distanziert psychologisch ausgedrückt – nur eine hilfreiche, trostspendende Projektion von Engeln habe, ist letztlich nicht entscheidend. Das Wunderbare liegt eben darin, daß es so etwas gibt und daß ein Mensch aus solchen Erfahrungen Glauben und Zuversicht gewinnt. Die psychologische Erklärbarkeit einer menschlichen Erfahrung, die der Betreffende als Gotteserfahrung bezeugt, stellt das Göttliche dieser Erfahrung weder in Abrede noch unter Beweis. Ebensowenig kann vergleichsweise mit den Begriffen der Sexualpsychologie das Wesen der Liebe ausgedrückt werden.

Der Name des Engels Gabriel kann zur Erhellung mit beitragen. „Gabriel" ist ein zum Namenswort eingefrorener Satz: „Gott hat sich mächtig erwiesen." Wenn man dazu noch in Betracht zieht, daß im hebräischen Verständnis Name soviel wie Wirklichkeit bedeutet, dann wird der Mittelpunkt des Mariengeschehens sichtbar: Gott hat sich mächtig erwiesen. Im „Magnificat" kommt dies wörtlich zum Ausdruck. Bemerkenswert ist die Erscheinung des Engels Gabriel in einer alten nichtbiblischen Schöpfungserzählung. Dort trägt er die Erde zusammen, aus der Gott den Menschen bildet. Von dieser Parallele her gesehen kommt im Mariengeschehen der theologische Gedanke zum Ausdruck: Jesus, der neue Adam, *der* Mensch.

Für manchen Leser mag nun der Eindruck entstehen: „Also gibt es doch keine Engel." Solche Betroffenheit kann aber Stunde der Verkündigung sein, in der die Einsicht erwächst: „Der Engel des Herrn brachte Maria die Botschaft" bedeutet eine Gegebenheit, die nicht der Vergangenheit angehört. Der Satz bezeichnet eine Wirklichkeit, die immer präsent ist: Gott sendet Boten auf vielerlei Weise. Er läßt uns nicht allein, er läßt uns seine Weisung ganz konkret zukommen.

Wenn Liebende einander sagen: „Du bist mein Engel", denken sie leider zu wenig an die Wirklichkeit, die dieses Wort ausdrückt. Durch den liebenden Menschen schenkt Gott ein Weiterkommen, Glück, Erfüllung; als liebende Menschen machen wir Gott erfahrbar, tragen seine Botschaft zu den Menschen, machen wir seine Wirklichkeit glaubwürdig. Dies sind die Realitäten, die in unserem Erfahrungsbereich liegen!

Wer in dieser Aufgeschlossenheit denkt und glaubt, dem wird die biblische Verkündigungsgeschichte zur Verkündigung in der Gegenwart: Das ist unser Gott, der sich einläßt auf den Menschen, der ihn angreift, der unser Leben nicht aus der Hand gibt. Wir sind nicht uns selbst überlassen.
Vorurteile verschwinden. Wir gelangen zu einer Art von absichtslosem Dasein. Zum Warten. Warten bedeutet: damit rechnen, daß uns Gott in allem, in allen Begegnungen und Ereignissen ansprechen kann.
Im Grunde braucht es gar nicht viel an Überlegungen, um dahin zu gelangen. Wem aber vom Denken her der Weg verschüttet ist, der kann ihn freischaufeln. Dennoch entzieht sich das Vernehmen der Botschaft im letzten unserer Verfügung.
Wer durch das Annehmen der Verkündigungserzählung ein wenig hellhöriger und glücklicher wird, der hat die Verkündigungsgeschichte selbst als Verkündigung empfangen.
Viele Bilder über Mariae Verkündigung und die Verehrung, die solche Bilder genießen, verraten, daß man auch in vergangener Zeit Verkündigung als Anruf in die Gegenwart verstanden hat.

Fürchte Dich nicht

Furcht ist nicht Angst. Es fällt auf, daß immer, wenn Menschen Gotteserfahrung machen, von Furcht die Rede ist und daß von seiten Gottes immer die Aufforderung hörbar wird: „Fürchte dich nicht!" Bei Maria, Josef und den Hirten finden wir diesen Imperativ. Allein dieses Wort gibt aller menschlichen Gotteserfahrung zwei Prädikate: Wenn Gott im Leben eines Menschen Bedeutung erlangt, geschieht dies immer unerwartet, unberechenbar; ferner übersteigt es alle menschlichen Vorstellungen.
Dies ist eigentlich Grund genug, um von vornherein auf bestimmte Vorstellungen von Gott und seinem Wirken zu verzichten. Wir dürfen einfach nicht meinen, die Welt des Glaubens sei eine Welt der glatten Lösungen. Wenn ein Mensch mit der Wirklichkeit Gottes konfrontiert wird, fällt er zunächst in absolute Ratlosigkeit. Mit solchen Situationen rechnet er nicht und kann er nicht rechnen. Trotzdem kommen sie.
Wer heute die Kirche liebt und sich für sie einsetzt, gleichgültig in welcher Meinungsgruppe, fragt sich: „Wie wird das geschehen?" „Wie geht

das weiter?" Diese Furcht ist jene Unruhe, die den Menschen befällt, wenn er einsieht: Was jetzt kommt, habe ich nicht mehr in der Hand, kann ich nicht mehr bestimmen. Der einzelne und die ganze Gruppe (Kirche) erfahren dasselbe: Kein Papst und kein Bischof kann sagen, wie es weitergeht.

So fest man auch die Zügel anspannt, – der Wagen fährt anders als berechnet.

Mancher sagt sich: Jetzt habe ich so brav gelebt, so viel gebetet, und nun trifft gerade das Gegenteil von meinen Erwartungen ein. Gerade das kann die Stunde Gottes sein. In solcher Situation gibt es für uns drei Möglichkeiten: Flucht, Opposition, Glauben.

Davonlaufen, Gott einfach aus dem Weg gehen, abschalten! Gelegentlich kann man heute hören: „Die Pfarrer wissen heute selbst nicht mehr, was sie wollen. Warum soll ich mich dann engagieren?"

Eine andere Möglichkeit ist die Opposition, die Verstockung. Wenn wir in der Bibel lesen: „Gott verstockte das Herz des Pharao" oder „Damit sie sehen und doch nicht sehen, hören und doch nicht verstehen", dürfen wir uns nicht vorstellen, Gott habe ein Interesse daran, daß ihn die Menschen nicht verstehen, oder er selbst habe die Absicht, sie zu verstocken.

Diese Redensarten beschreiben vielmehr das Phänomen der Verneinung. Es kann sein, daß ein Mensch, sobald er auf die Wirklichkeit Gottes stößt, zum Stock wird, hart wird, in Abwehrstellung oder auch in Angriff übergeht.

Der Mensch kann auch „Nein" zu Gott sagen. Das ist das Wesen der Sünde. Wer die Warum-Frage hier einwirft, löst eine Diskussion über eine unlösbare Problematik aus.

Die beiden eben angedeuteten Verhaltensweisen sind die negativen Antworten auf den Anruf Gottes. So reagieren Menschen, die mit der Tatsache nicht fertig werden: Gott ist anders. Flucht, Frontenbildung, Verhärtung sind immer Zeichen des Unglaubens oder Schwachglaubens. Das Kommen Gottes bedeutet auch immer Gericht. Dies nicht im Sinne unserer Justiz, sondern im Sinn von Reparatur: Gott stellt die Ordnung des Glaubens wieder her. Er stellt richtig. Ohne Glauben gibt es kein Überdauern. Flucht und Opposition enden schließlich im Scheitern.

Wenn die Schrift Gotteserfahrung (Botschaft) schildert, ist meist eine Bekräftigung angefügt: „Ich bin es doch." „Ich werde mit dir sein." „Bei Gott ist kein Ding unmöglich."

Gott hat – menschlich gesprochen – Verständnis für die Furcht der Menschen. Er weiß selbst, daß seine Wirklichkeit eine Zumutung für den

Menschen ist. Darum die Erinnerung: „Ich bin es doch, ich, der dich gebildet hat! Fürchte dich nicht, ich habe dich beim Namen gerufen. Gehst du durchs Wasser, du ertrinkst nicht; gehst du durchs Feuer, du verbrennst nicht, denn ich bin bei dir" (Jes 43,1-3). Diese Prophetenworte sind in jede derartige Furchtsituation hineingesprochen.
Aus diesen Überlegungen heraus wird ferner klar: Ein Mensch, der flieht oder in Opposition gerät, kann die Gotteserfahrung, die das auslösende Moment war, gar nicht mehr als solche erkennen.
Die Erkenntnis, daß Gott immer anders und immer neu kommt, ist keine neue Erkenntnis. Sie ist vielmehr eine Einsicht, die immer wieder in neuen Anläufen eingeholt werden muß. In der Literatur wird dieses Problem in unzähligen Formen zur Sprache gebracht.
Joseph von Eichendorff bringt in einigen Versen diesen Sachverhalt vom Standpunkt des Glaubenden aus zum Ausdruck:

Du bist's, der, was wir bauen,
mild über uns zerbricht,
daß wir den Himmel schauen –
darum so klag' ich nicht.

Selig, die geglaubt hat

Glaube ist die entsprechende Antwort auf die Gotteserfahrung, auf die Botschaft Gottes. Andererseits wird die Botschaft erst im Glauben als Gottesbotschaft erfahrbar.
Diese eigenartige Gleichzeitigkeit von Voraussetzung und Konsequenz macht die Schwierigkeit des Glaubens aus: Ohne Glauben keine Gotteserfahrung, ohne Gotteserfahrung kein Glaube. Dasselbe mit anderen Worten ausgedrückt: Ohne Sehnsucht keine Liebeserfahrung, ohne Liebeserfahrung keine Sehnsucht!
Beides, Lieben und Glauben, ist immer sehr riskant. Glauben und Lieben sind letztlich und wesentlich derselbe Vorgang.
Beim Glauben und Lieben verhalten wir uns völlig gleich: Einerseits haben wir das innere Wissen (das aus der Ur-Erfahrung der Liebe stammt), daß „Glauben" und „Lieben" entstehen, *bevor* Bedingungen erfüllt und Beweise geliefert sind, andererseits will doch jeder auf Nummer Sicher gehen und Garantien haben, ob sein Verhalten richtig ist und ob sich der Einsatz auch wirklich lohnt.

Wer glaubt (liebt), gewinnt sicherlich alles. „Wer glaubt, hat das Leben." Aber man kann nicht in der Absicht glauben, alles zu gewinnen. Je absichtsfreier Glaube und Liebe sind, desto größer das Glück und die Sicherheit, die sie schenken. Sicherheit des Glaubens ist nicht mehr im Sinn von Garantien und gesicherten Ansprüchen zu verstehen, sondern im Sinn von Geborgenheit: „Es kann einen nichts mehr umwerfen."
Es ist durchaus vernünftig, wenn junge Leute vor der Ehe die Vereinbarung treffen, sich scheiden zu lassen, wenn sie nicht glücklich werden. Diese Vereinbarung bzw. die Einstellung, die einer solchen Vereinbarung zugrundeliegt, ist aber bereits ein Grund, wenn nicht *der* Grund, warum ein Eheglück im möglichen Ausmaß nicht zustandekommen kann.
Gott sei Dank ist der Liebe (dem Glauben) die Blindheit als Anfangskapital mitgegeben. Dieses Kapital muß aber angelegt werden, d.h. es muß zu der Einsicht führen, daß das Glück der Liebe (=Leben) darin besteht, daß man bewußt immer wieder auf Garantien und Forderungen verzichtet und daß man sich auch dann immer wieder verschenkt, wenn die Kraft der Emotionen nachläßt.
Darin liegt die Größe des Menschen, das eigentlich Menschliche, daß er sich verschenken kann. Bei der Liebe (beim Glauben) kann man deshalb auch nicht von moralischer Tat sprechen; Moral und moralisches Handeln *entspringen* der Liebe (dem Glauben).
Der Satz: „Selig, die geglaubt hat", ist kein Lob! Er darf nicht in dem moralisierenden Jargon verstanden werden: „Brav, daß du geglaubt hast!" Preisung ist etwas anderes als Belobigung. Maria ist kein moralisches Vorbild, sondern ein existentielles. In ihr wird (wie bei Abraham) sichtbar, was Glauben bedeutet, und mehr noch: die Vollendung des Menschen im Glauben.
Die Eigenleistung im Glauben (in der Liebe) besteht nicht darin, daß man *etwas* tut, sondern daß man *sich* ausliefert, sich selbst dem anderen über-läßt. Trotz aller Eigenleistung bleibt Liebe (Glaube) Gnade, d.h. verdienstloses Geschenk. Die Diskussion, wie und wie weit Mensch und Gnade zusammenwirken, hat sich in der Geschichte der Theologie bis zu irrsinnigen Spekulationen verstiegen, ohne eine Lösung des Problems hervorzubringen. Wenn man einsieht, daß bei Glaube und Liebe beide Elemente vorhanden sind (Leistung und Geschenk) und daß das Wie ihrer Verflechtung für unsere Vernunft von vornherein uneinsichtig ist, kann man getrost auf eine weitere Diskussion verzichten.
In der Verkündigungserzählung kommen diese beiden Elemente sehr klar zum Vorschein in den Worten: „voll der Gnade" (vgl. Geschenk

Gottes) und in der Antwort Mariens: „Magd des Herrn" (Hingabe; Eigenleistung). Man muß freilich bedenken, was Magd in biblischer Zeit bedeutete.

Die ganze Größe Mariens liegt in diesem Wort, es ist die Größe des glaubenden Menschen überhaupt. Ganz entscheidend dabei ist die Tatsache, daß es keine isolierte individualistische menschliche Größe gibt; menschliche Größe ist immer auch göttliche Größe und Herrlichkeit. Wer im Glauben „Mensch" sagt, sagt damit bereits auch „Gott". Und wenn wir das Jesusgeschehen mit einbeziehen, gilt auch die Umkehrung des Satzes: Wer „Gott" sagt, sagt damit bereits auch „Mensch".

Eine Marienfrömmigkeit, die diesen Zusammenhang übersieht, wäre verfehlt. Die Meditation über Maria kann nur als Meditation über den Glauben und über den glaubenden Menschen, in dem und durch den Gott wirkt, verstanden werden.

Die Marienbetrachtung könnte die Meinung, die wir oft vom Glauben haben, korrigieren. Wir sehen die Inhalte des Glaubens, die Erfüllung der Verheißungen zu sehr in kontrollierbaren Fakten, eben aus unserem Beweis-, Garantie- und Kontrollbedürfnis heraus. Für eine Frau, die ein Kind gebiert, ist es keine Frage mehr, daß sie empfangen hat. Daß aber dieser Mensch Jesus, der am Kreuze scheitert, der Erlöser, ja Gott sein soll, das ist die entscheidende Aussage; das entzieht sich jeder Kontrolle. Hier werden Risiko und, wie gesagt, Größe des Glaubens sichtbar. Das ist auch der Grund, warum die Kindheitserzählungen so sehr Gegenstand der Auseinandersetzung geworden sind. Bei einem völlig unkritischen Verständnis erlauben sie gewissermaßen ein risikofreies Glauben, das wesentlich gar kein Glauben mehr ist.

Wenn sich die wundersamen Dinge kontrollierbar ereignet haben, dann brauchen wir keine weiteren Beweise mehr. Man kann manchmal noch den alten Slogan hören: „Fest glauben, nur nicht nachdenken!"

Diese Phrase reduziert den Glauben an Gott auf einen Glauben an angebliche Beweisfakten und erzwingt eine Blindheit gegenüber der Wirklichkeit. In Wirklichkeit gibt es nämlich gar keine Beweis-Fakten in diesem Sinn; die Schrift enthält das Glaubens*zeugnis,* aber nicht den Beweis für den Glauben im wissenschaftlichen Sinn.

Dieser reduzierte Glaube muß irgendwann zusammenbrechen. Ein Leben wird er ohnehin nicht tragen können; denn die entscheidenden Warum-Fragen unseres Lebens rührt er nicht an! Gewiß stehen Glauben und Wissen immer in einem Spannungsverhältnis. Aber Glaube kann nicht durch Verhinderung von Wissen erhalten werden.

Ein so empfohlender Glaube wirkt erzwungen und hat notwendig Aggressionen im Gefolge.

Wir müssen nun einmal zugeben, daß wir nicht wissen, was Maria, Josef und die Hirten im einzelnen wußten.

Von den göttlichen Elementen in den Kindheitserzählungen kann man nur so viel sagen und bis zu einem gewissen Grad beweisen: Sie enthalten die Erfahrung vom Auferstandenen in Verbindung mit der alttestamentlichen Gotteserfahrung. Eine „reine" Weihnachtsbotschaft gibt es nicht. Wir müssen uns immer wieder zum Bewußtsein bringen: Es ist Osterbotschaft, was wir in den Weihnachtserzählungen erfahren.

Das Problem der Glaubensinhalte ist letztlich durch Sachklärung nicht zu bewältigen. Das soll aber nicht verstanden werden im Sinn der Phrase: „Das muß man eben glauben!" Man kann höchstens sagen: *Da* (nicht das) muß man glauben. Wenn sich ein Mensch Gott hingeben will, hängt das letztlich nicht ab von diesen Fragen.

Eine kleine Wortmeditation kann uns vielleicht besser erschließen, was mit dem Glauben gemeint ist, der in der Schrift selig gepriesen wird: sich auf Gott ver-lassen. Die Doppelbedeutung dieses Wortes bringt die Eigentümlichkeit des Glaubens zur Sprache. Sich verlassen auf jemanden heißt einmal: die Sicherheit und Garantie dem anderen anheimstellen; jemandem trauen; ver-trauen. Wenn ich mich verlasse, hört der Zweifel auf, hört das Fragen auf. Ferner bringt dieses Wort die Sicherheit und Geborgenheit zum Ausdruck, die ich gerade dadurch erlange, daß ich mich dem andern, Gott, lasse.

Das Paradoxe des Glaubens wird sichtbar: Ein Mensch findet sich nur dann und insoweit, als er sich *läßt*.

Sich auf Gott ver-lassen heißt: sich ganz Gott lassen. So kommen die Fragen zur Ruhe; so kommen wir zur Gelassenheit.

„Herr, wenn ich dich nur habe, frage ich nicht mehr nach Himmel und Erde" (Ps 73,25).

In der Herberge war kein Platz für sie

Das Motiv der Herbergsuche verdankt seine Entstehung diesem kurzen Nebensatz im Weihnachtsevangelium nach Lukas (Lk 2,7). In unseren Weihnachtsvorstellungen, in Liedern und Krippenspielen, hat dieses Motiv überaus starke Bedeutung gewonnen. Obwohl wir über die Geschichtlichkeit der Herbergsuche keine Aussage machen können und

obgleich doch fast jedermann weiß, daß es im Heiligen Land zur Zeit Jesu keine Herbergen und Gasthöfe wie bei uns gab, ist das Herbergsuchmotiv ein Hauptmotiv unserer adventlichen Betrachtung geworden. Dies ist ein Musterbeispiel dafür, wie der meditierende Mensch ohne theologische Spezialausbildung aus einer sprachlich oder historisch ganz unbedeutenden Stelle Botschaft vernimmt und gerade das heraushört, was ihn an-geht. Natürlich kann auch die theologische Überlegung Anlaß und Hilfe sein zu einem vertieften Verständnis der Botschaft.
Der Hinweis auf die Volkszählung zeigt die Verklammerung des göttlichen Wirkens und Geschehens mit unserer Geschichte. Heilsgeschichte ist keine zweite Kategorie der Geschichte. In *unserer* Geschichte geschieht das Heil.
Gott wirkt das Heil im Raum und Rahmen unserer Geschichte auf. Was die Gotteserfahrung der Menschen kündet: „Gott rettet, befreit, erlöst", kann tatsächlich mit einem historisch verstandenen „Es geschah" eingeleitet werden.
Durch die Verklammerung mit den historisch faßbaren und beweisbaren Ereignissen (Augustus, Volkszählung) wird die historisierend dargestellte, aber nicht im Sinn historischer Forschung beweisbare Wirklichkeit, die Erlösung überhaupt oder wie hier die Wahrheit, die in der Herbergsuche zum Ausdruck kommt, als Realität dargestellt.
Zur Verdeutlichung ein Vergleich:
Wenn ich einem Freund von meinen Erfahrungen und inneren Erlebnissen (Freude, Angst, Liebe usw.) erzähle, zeige ich ihm den äußeren Rahmen dieser Erlebnisse, wann und wo das geschehen ist und anhand welcher äußeren, für jeden vorstellbaren und nachprüfbaren Geschehnisse. Dieser äußere Rahmen ist kein Beweis dafür, daß ich Glück usw. erlebt habe, er steckt vielmehr den gemeinsamen Raum des Verstehens ab und schafft die gemeinsame Basis, aufgrund deren mein Freund meine Erfahrungen erkennen kann. Wenn ich beispielsweise sage: „Ich habe ein herrliches Bergerlebnis gehabt", weiß mein Freund nicht viel. Wenn ich aber dieses Erlebnis lokalisiere nach Tag und Ort und vielleicht noch das Wetter, Sonnenaufgang, Blumen usw. beschreibe, wirkt das wie ein Beweis. Es könnte ja auch sein, daß ich so stupide auf einen Berg gegangen bin, daß ich gar nichts erlebt habe. Dann habe ich aber kaum das Bedürfnis, dies weiterzuerzählen.
Der Grund unserer modernen Glaubenskrise liegt weniger darin, daß sich viele als historisch beweisbar gehaltene Fakten als nicht auf historischer Ebene liegend erweisen, als vielmehr darin, daß der moderne

Mensch zunehmend an der Fähigkeit zu er-leben Einbuße erleidet; es fällt ihm schwer, sich gegen die starken Kräfte, die ihn ver- und zer-leben wollen (Manipulation) durchzusetzen.

Theologisch betrachtet finden wir in der Herbergsuche zwei Motive. Und diese Aussagen sind wahr, auch wenn sich die Herbergsuche nicht nach unserer Vorstellung zugetragen hat. Zunächst ist das unfreiwillige, von außen her veranlaßte Unterwegs-Sein zu nennen. Wenn man sich an die Abrahamsgeschichten erinnert und an die Auszugsgeschichten (Ägypten, Wüste) begreift man die Töne, die hier angeschlagen sind. Die entscheidenden Gotteserfahrungen und Gottesereignisse geschehen nicht daheim, in den fest geregelten und programmierten Abläufen etablierten Daseins, sondern unterwegs. Diese Wahrheit gilt nicht nur für die Gesamtgeschichte des Gottesvolkes, sondern ebenso auch für die Individualgeschichte jedes einzelnen. Wir werden keine Gotteserfahrung machen und keine Gottesgeburt erleben, sofern wir brave Funktionäre irgendeiner christlich etikettierten Gruppe sind, sondern nur sofern wir aufbrechen, von außen her (von der christlichen Botschaft, vom Anruf der Zeit, vom konkreten Geschehen her) veranlaßt, und uns im Wagnis des Glaubens und der Liebe den Forderungen des Augenblicks stellen. Dasselbe Motiv liegt auch der Flucht nach Ägypten zugrunde. Vielleicht kommt hier noch stärker der Akzent zum Tragen: „Gott holt sich sein Volk aus allen Etablierungen immer wieder heraus." Das Matthäus-Evangelium selbst gibt mit dem Hosea-Zitat diese Deutung: „Aus Ägypten habe ich meinen Sohn gerufen" (Hos 11,1). Jesus ist hier weniger als Individuum gemeint, sondern mehr als Keim (Stammvater) des wahren Gottesvolkes. Ferner erscheint in der Herbergsuche noch ein Motiv, das Johannes bereits in theologischer Formulierung bringt: „Er kam in sein Eigentum, aber die Seinen nahmen ihn nicht auf." – Das ist die Tragik der Weltgeschichte schlechthin. Wahrscheinlich die unvermeidbare Tragik überhaupt, im großen wie im kleinen: Man schreit nach Gott, und wenn er kommt, läßt man ihn nicht ein; weil er nicht so ist und nicht das tut bzw. nicht in der Form, wie wir es erwarten. Der Herodesgeschichte bei Matthäus liegt dasselbe Motiv zugrunde. Wenn wir Menschen diese Tragik im großen wie im kleinen nicht vermeiden konnten und nicht vermeiden können, sollten wir uns doch bewußt machen: In jedem Menschen, den wir abschreiben, abweisen, bildlich oder real vor die Türe setzen, verurteilen, – tun wir dasselbe wie die Herbergswirte von damals.

Das gegenseitige Sich-Aussperren ist innerhalb der Kirche eigentlich immer recht akut gewesen. (Dieser Gedanke könnte Anstoß zu einer höchst aktuellen Adventsbetrachtung sein. Die bayerische Legende „Heilige Nacht" von Ludwig Thoma ist eine hervorragende Meditation über dieses Thema.)

Es waren Hirten

Durch die Aussage, daß Hirten zuerst die Botschaft vernahmen, ist uns der Hinweis gegeben auf einen Menschentypus, der in der biblischen Tradition besonders geeignet erscheint für das Empfangen und Weitergeben göttlicher Botschaft.
Man wird wieder erinnert an die Urgeschichte Israels, als es noch Nomadenvolk war, an die Moses- und Davidsgestalt. Es ist möglich, daß die Hirtenerzählung in Verbindung steht mit einer alten tradierten Weissagung, nach der Hirten die ersten sein sollten, die die Botschaft vom Heil erfahren.
Was uns in unserem hektischen, fast überzivilisierten Leben immer wieder fasziniert, ist die Einfachheit, Bedürfnislosigkeit, Bescheidenheit und „Absichtslosigkeit des Daseins", die uns in diesem Menschentyp vorgestellt werden. In der romantischen Ausgestaltung, die das Hirtendasein in unserer Vorstellungswelt bekommen hat, ist das menschliche Verlangen nach einem einfachen Dasein spürbar.
Zweifellos sind Einfachheit und Offenheit des Herzens Voraussetzung, um Gott zu erfahren und seine Botschaft wahrzunehmen. Zivilisation und modernes Leben schließen diese Möglichkeit ebensowenig aus, wie Armut von sich aus schon zum Hirten macht. Es wäre ein Anliegen der Disziplin innerhalb der Lebenssituation, in der der einzelne steht, Hirtendasein zu entwickeln, indem man sich zunächst einmal abgewöhnt zu fragen, was man *noch* braucht und *noch* tun müßte, und statt dessen überlegt, was man eigentlich *nicht* braucht und *nicht* tun müßte.
In der lukanischen Erzählung sind es die Hirten, die als erste die Botschaft vom Kind weitererzählen. Zu denken geben uns die Sätze Lk 2,17-19: „Nachdem sie gesehen hatten, erzählten sie, was ihnen über dieses Kind gesagt worden war. Alle, die es hörten, wunderten sich über das, was die Hirten ihnen erzählten. Maria behielt diese Worte und erwog sie in ihrem Herzen." Auch wenn man diese Sätze nicht im protokollarischen Sinn versteht, wird der Eindruck vermittelt, die Hirten hätten mehr gewußt als Maria. Über Vermutungen jedoch wird man in dieser Frage nicht hinauskommen.

Die Tatsache, daß die ersten Künder des in Jesus erschienen Heils als Hirten dargestellt werden, ist für unseren Glaubensvollzug sicher wichtig. Der Glaube entsteht primär nicht aus der Theologie und aus dem theologischen Wissen, sondern durch das Zeugnis des glaubenden Menschen (= des Menschen mit Gotteserfahrung). Der glaubende Mensch ist immer ein einfacher Mensch im Sinne der Hirten. Das Wort Demut ist leider schon so verbraucht und mißdeutet, daß man es ohne Interpretation kaum mehr verwenden kann. Wenn wir Demut als Begriff verstehen, der Bereitschaft, Offenheit, Unvoreingenommenheit, Bedingungslosigkeit, Absichtslosigkeit des Daseins beinhaltet, dann könnte damit die Einstellung des Verkünders in idealer Weise bezeichnet werden.

Durch einen glaubenden *Menschen,* ob gebildet oder ungebildet, wird die Botschaft von der Erlösung glaubwürdig für die Umwelt. Die Mitwelt interessiert sich zunächst nicht für das, *was* ein Glaubender sagt, sondern für sein Leben. Es sind ja keine Lehren im Sinn von Doktrinen, sondern Wahrheiten für das Leben, die wir zu künden haben. Wenn jemand sagt, er glaube an Gott, an die Erlösung usw., läßt aber in seinem Leben nichts von den Konsequenzen verspüren, wird man es ihm nicht abnehmen können. Das Erkennungsmerkmal für den Glauben (ob das stimmt, was einer von Gott behauptet) ist im Verhalten der Gläubigen zu suchen: Freude, Hoffnung, Optimismus, Humor, starkes, aber vergewaltigungsfreies Engagement, Überzeugungskraft nicht durch Worte, sondern durch die dahinterstehende Persönlichkeit.

Wenn wir uns heute Gedanken machen, wie das mit der Kirche und dem christlichen Glauben überhaupt weitergeht, kann man schlecht Prognosen geben. Eines steht jedoch fest: Der Glaube (die christliche Botschaft) wird nur dort wahrgenommen, wo ein glaubender *Mensch* erfahren wird. Das Merkmal ist – wie gesagt – nicht ‚hochkarätige Moral', sondern die Gelassenheit, die aus der Gotteserfahrung kommt.

Das Bedürfnis der Mitmenschen, auf die Flecken in der weißen Weste der Christen hinzuweisen, mit einer gewissen Schadenfreude, die Christen ihrer Heuchelei bzw. der Unstimmigkeit ihrer Lehre überführen zu wollen, rührt auch von der Tatsache her, daß in den Glauben vieler Christen Besitz-, Gewinn- und Vorsprungsdenken eingebrochen sind, wodurch sie zu geistlichen Imperialisten geworden sind, die all das auf ihre Mitwelt ausstrahlen, was man Imperialisten nachsagt.

Wenn wir die heutige Situation der Christenheit als Gericht im biblischen Sinn verstehen, also als ein Geschehen, in dem Gott richtig-stellt, dann dürfte uns klar sein, daß von selbst überall dort Sprengungen erfol-

gen, wo mit Gott, Himmelsverheißung und Höllendrohung der Mensch manipuliert wurde und wo gerade *das* verhindert wurde, was Gott bewirkt: Liebe, Hoffnung, Lebensbejahung, Lebensbewältigung.
Die Zukunftsvision der Kirche fließt für den glaubenden Christen zusammen mit der Idee Hirtentum, freilich in zeitgemäßer Verwirklichung. (Der Bauer spannt heute auch nicht mehr Ochsen vor den Pflug!)

Dies soll euch zum Zeichen sein: Ihr werdet ein Kind finden

Das Kind ist nachweisbare Realität.
Niemand bezweifelt auch heute in ernstzunehmender Weise die historische Wirklichkeit des Jesus von Nazareth.
An diese kontrollierbare Realität ist die Botschaft geknüpft: „Euch wurde heute in der Stadt Davids ein Retter geboren, er ist der Messias und Herr" (Lk 2,11).
Wieder beobachten wir die Verklammerung des Verkündigungsinhalts (Rettung, Messias) mit der Historie. Das „Heute" der Heilsbotschaft ist untrennbar an das „Es geschah" der Geburt geknüpft. Dadurch wird das Gottesheil in den Bereich der menschlichen Erfahrung gebracht, andererseits wird durch das „Heute" der Botschaft zum Ausdruck gebracht, daß das historische Geschehen, welches „Zeichen" für das Heil ist, kein Ereignis ist, das bald der Vergangenheit angehören wird, sondern daß überhaupt (bis auf den heutigen Tag) innerhalb des historischen Geschehens die Zeichen des Heils erfahrbar sind.
Zur Verdeutlichung dieses etwas schwierigen Gedankens ein Vergleich: Wir suchen eine Wirklichkeit, die wesentlich kein historischer Vorgang ist und darum immer heutig sein kann. Es sind dies die Begriffswirklichkeiten: Schönheit, Treue, Güte, Liebe usw. Wählen wir als Beispiel die Liebe (Vergleichspunkt in der Bibel: Retter = Rettung für das ganze Volk, für alle, nicht nur für die damals lebenden Juden!). Die Erfahrung der Liebe ist im Erleben eines sichtbaren Zeichens *möglich:* Kuß, rote Rosen usw. Solche Zeichenerfahrung *kann,* aber muß nicht Wirklichkeitserfahrung sein.
In unserer einseitig sexualisierten Zeit hat man den Eindruck, daß in den Zeichen der Liebe häufig sehr wenig personale Liebe erfahren wird. Wohl um Täuschung zu vermeiden, sagte man früher: „Du sollst nicht küssen" und heute: „Ein Kuß bedeutet nichts." Über die Wirklichkeit und Wahrheit, die einer im Zeichen erfährt, weiß letztlich nur der Betref-

fende selbst Bescheid. Wenn auch das Zeichen wie jedes andere historische Ereignis erlebt wird, d. h. in seiner Vergänglichkeit, so kann die im Zeichen erfahrbare Wirklichkeit immer gegenwärtig, immer im „Heute" bleiben. Wenn zum Beispiel liebende Gatten getrennt werden, kann ihre Liebe weiterwirken, auch wenn die Zeichen der Liebe nicht mehr in der Weise ausgetauscht werden, die das Zusammensein ermöglicht.
Wer sich die Mühe macht, diesen Vergleichsgedanken aufgrund der eigenen Lebenserfahrung gründlich zu meditieren, der wird vielleicht zu der Einsicht gelangen, daß Liebeserfahrung die Erfahrung der Erlösung sein kann und wirklich ist, wenn man die Botschaft der Hirten ernst nimmt.
Nun wieder zur Botschaft von Bethlehem. Das Kind ist also das Zeichen dafür, daß Gott rettet. Gott rettet so sicher, als dieses Kind da ist. Wir suchen aufgrund unserer Vorstellung die Zeichen gerne im – von uns erdachten – übernatürlichen Raum, im magischen Glanz und in den wundersamen Begleiterscheinungen. Hier wird unmißverständlich zum Ausdruck gebracht, was allein das Zeichen der rettenden Huld Gottes ist: „Ein Kind, in Windeln eingehüllt und in einer Krippe liegend."
Darin liegt das Wunder, daß ein ganz gewöhnliches Kind das Zeichen ist, daß ein ganz gewöhnlicher Mensch der Retter ist, oder von einer späteren Zeit formuliert: daß Gott ein wahrer Mensch (so wie wir) geworden ist. „Gott ist unser Bruder geworden." Das ist die Botschaft der Heiligen Nacht.
Aber auch hier gilt, daß das Bruderwerden Gottes selbst nicht auf das Zeichen und nur auf die wenigen Lebensjahre Jesu beschränkt ist. Das Kind besagt vielmehr, daß das Brudersein Gottes eine neue erfahrene Eigenschaft Gottes ist, eine Wahrheit also, die immer ebenso vor wie nach der Zeitenwende gilt. Die Theologie bringt das sprachlich folgendermaßen zum Ausdruck: „Gott hat *die* menschliche Natur (nicht eine irgendwie individuelle) angenommen." Das Brudersein Gottes darf nicht als Aufhebung des Vaterseins verstanden werden, sondern als das Besondere, Neue, eben die „zweite göttliche Person".
Wo der Mensch vor-kommt, da kommt Gott vor.
Wo immer uns ein Mensch begegnet, da ist das Brudersein Gottes aktuell. „Was ihr dem geringsten meiner Brüder getan habt..." Darüber hinaus wird die Begegnung mit dem Kind durch das Weihnachtsevangelium hervorgehoben. Wir erinnern uns an die Seligpreisung der Kinder durch Jesus. Sie sind der Typ abhängiger Existenz; ein Kind ist restlos angewiesen, es kann nur an der Hand der Eltern leben, im Trauen und selbstver-

ständlichen Glauben. Die Begegnung mit einem Kind kann in besonderer Weise Gotteserfahrung sein.

Durch die Menschwerdung Gottes wird enthüllt, was Erlösung für uns heute im tiefsten bedeutet: Wir sind nicht allein gelassen; wir haben einen Teilhaber unseres Elends gefunden, der garantiert, daß Gott unsere Not wendet. Wenn wir das Bewußtsein der Nähe Gottes gerade im Leid besser realisieren könnten, würden wir unser Elend gewiß leichter überwinden.

Wäre das Kind im Palast des Königs, als Kind eines Regierenden geboren, es fiele uns schwer, das Brudersein Gottes in diesem Menschen wahrzunehmen.

Je mehr es uns gelingt, das Weihnachtsgeheimnis aus dem phantastischen Glorienschein zu enthüllen, desto leichter wird die Weihnachtsbotschaft unser Leben ergreifen können.

Auferstehung

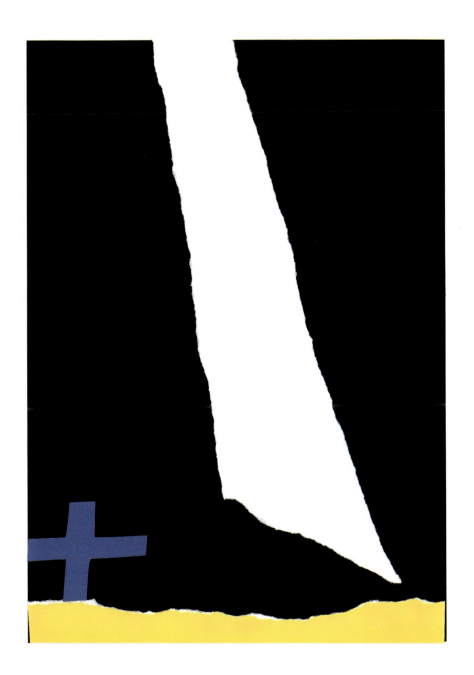

Beten und Fasten

Wir sind nicht Ursache unserer Beziehungen. Da Gott uns aber als zur Freiheit fähige Wesen gewollt hat, dürfen wir doch die Frage stellen, worin unser Beitrag zum Gelingen von Begegnungen besteht.
Die Bibel – und die gesamte Erfahrung der Menschheit – geben uns eine einfache Auskunft: Beten und Fasten. Wenden wir uns zunächst dem „Beten" zu.
Das Wort „beten" kommt von „bitten", und „bitten" hängt zusammen mit „binden". Zunächst mag es als Gegensatz zum vorhin Gesagten erscheinen, wenn nun „beten" doch bedeutet: von sich aus Verbindung aufnehmen, den anderen binden, in den Bund nehmen. Wie geht das zusammen? Wenn ich bitte (bete), versuche ich Verbindung aufzunehmen. Ich versuche etwas, was ich eigentlich nicht kann. Und dieser Versuch, dieses Vertrauen wird belohnt durch die Beziehung, die mir geschenkt wird. Hinterher oder im Bitten selbst kann dem erfahrenen Beter bewußt werden, daß er ja eigentlich gar nicht selber betet, daß mit ihm bereits etwas geschehen ist, daß er beten und bitten kann. Mein Beten und Bitten ist bereits Antwort. Wenn Gott mich nicht angerührt hätte, könnte ich gar nicht beten. Es bleibt eine polare Aussage stehen: Einerseits muß ich es wagen, mich an Gott zu wenden; ich muß mir dazu Zeit nehmen; ich kann das Beten nicht nur meiner Laune überlassen; „es muß feste Bräuche geben"; ich muß mich ans Beten „gewöhnen". Andererseits ist das Beten „Gnade", d.h. ein Geschenk, das mir Gott gibt, das ich mir nicht selbst verschaffen kann. So eröffnet sich eine unendliche Kette: Ich muß um das Beten beten, ich muß um das Beten-um-das-Beten beten usw. Wir müssen dieses Paradoxon schlicht anerkennen: Alles ist Gnade und doch kommt gleichzeitig alles auf mich an. Auf diesem Hintergrund wird das Jesuswort verständlich: „Wer bittet, empfängt", d.h. bitten ist bereits empfangen; das Bitten ist bereits Geschenk, aus dem sich alles andere ergibt. Bei Paulus wird auch deutlich, daß eigentlich nicht wir beten, sondern daß es bzw. *er,* in uns betet: „Der Geist nimmt sich unserer Schwachheit an. Denn wir wissen nicht, wofür wir in rechter Weise beten sollen; der Geist selber tritt jedoch für uns ein mit unaussprechlichem Seufzen" (Röm 8,26).
Im Lukas-Evangelium finden wir eine ausführliche „Lektion" über das Gebet, in der Jesus selbst als Lehrer erscheint: Lk 11,1-13. Betrachten wir diesen Text gründlich, dann werden wir inne, was Beten ist.

„Jesus war einmal beim Gebet." Was Beten ist, wird am betenden Menschen selbst erlebbar. Das Beten-Lernen beginnt mit dem Erlebnis, daß ein Mensch betet. Wie muß der betende Jesus auf die Jünger gewirkt haben, wenn seine Jünger spontan darauf reagierten: „Lehre uns beten!" Beten müßte man können! Wer beten kann, kann leben!
Jesus lehrt sie das Vaterunser, das Gebet aller Gebete. Gebete sagen heißt freilich noch nicht beten! Aber die Worte eines Gebetes sind Worte, die aus Gebetserfahrung kommen und deshalb dorthin führen können. Im Wort „Vater unser" ist alles eingeborgen, was es je an Begegnung gibt und was dieses Buch darzulegen versucht. Das Wort „Vater unser" kann selbst tiefste Beziehung werden. Wenn es kein anderes Gebet gäbe als diese zwei Worte, dann wäre darin alles enthalten. Es lohnt sich, diese zwei Worte ein Leben lang zu meditieren.
Alsdann beginnt Jesus seine Katechese mit einer Erzählung. Stellt euch vor: Einer von euch hat einen Freund und geht um Mitternacht zu ihm und sagt: Freund, leih mir drei Brote, denn einer meiner Freunde ... ist zu mir gekommen und ich habe ihm nichts anzubieten ... – „Mitternacht" ist eine für Menschen ungewöhnliche Zeit, eine Zeit in der mein gewöhnliches Tun „schläft". Da geschieht das Besondere: Der Freund kommt, und das, was ich für den Freund (d.h. für die Begegnung mit ihm) brauche, habe ich nicht daheim; ich muß es selbst erst erbitten beim „Freund". Bei jedem Menschen, bei allem, was mich „angeht", kommt mir zu Bewußtsein, daß ich das, was ich brauche, nicht habe. Das, was ich für die Begegnung brauche, muß ich selbst aus der Beziehung zum Vater holen und erbitten. Der Freund, der mich an-geht und der Freund, den ich angehe, ist eigentlich beide Male derselbe, Gott. Er geht mich an in allem, was auf mich zukommt: „um Mitternacht". Er setzt mich in Gang, damit ich von ihm das erbitte, was ich für ihn brauche.
In dem einfachen Satz „Gott gibt, was er verlangt" ist alles enthalten. Entscheidend ist eben, daß ich in diesen „Stromkreis" von Verlangen und Geben eingeschaltet werde. Und das bewirkt Gott, das Leben, indem es mich vielfältig an-geht.
Durch den weiteren Verlauf der Geschichte wird deutlich, daß Gott das gibt, was ich zum Leben brauche. Den Satz „Gott gibt" muß ich mir in zweifacher Betonung im Ohr klingen lassen: *Gott* gibt. Und: Gott *gibt*.
Auf das „Gott *gibt*" geht Jesus noch näher ein. Mit seinen Vergleichen beschwört er uns geradezu, auf das „Gott-gibt" zu vertrauen. Wie ist es denn bei Menschen: Wenn mein Freund nicht aus Freundschaft gibt, dann wird er wegen meiner Zudringlichkeit geben. Das nächste Beispiel:

Wenn schon die Menschen, die an sich nicht gut sind (d.h. nicht „Gott" sind, der ja allein gut ist), ihren Kindern gute Gaben geben, wieviel mehr dann Gott. Wir werden ermutigt, Gott geradezu unter Druck zu setzen und alles von ihm zu erwarten. Auf Gott kann man sich mehr verlassen als auf jeden Menschen.

Dann folgen die lapidaren Sätze: „Bittet und ihr werdet empfangen! ... Denn jeder, der bittet, empfängt." – Interessant ist auch die Gleichsetzung von „Brot" und „Geist". Die Bibel verwendet häufig diese Begriffe gleichbedeutend. Daraus wird wiederum deutlich, daß es um „Beziehung" geht, um das, was sie ermöglicht und was sie ist: der Geist Gottes, Gott selbst.

Im Zusammenhang mit dem Satz „Jeder, der bittet, empfängt" lohnt es sich auch, das Schriftwort Mk 11,24 zu betrachten: „Betet und bittet, um was ihr wollt; glaubt nur, daß ihr es schon erhalten habt, dann wird es euch zuteil!" Während ich bitte, kann der Glaube erwachen, daß das, was ich habe, meine jetzige Situation, diejenige ist, die mir Gott gibt. Und durch das Bitten kann ich vielleicht gerade meine jetzige Lebenslage aus der Hand Gottes annehmen. Jeder Augenblick in meinem Leben kann Situation Gottes sein, ich muß nur ins rechte Verhältnis dazu gelangen. Gott braucht nicht die Gegebenheiten zu ändern, um mich zu „erhören"; er braucht nur zu geben, daß ich mich ändern kann. Wie schon betont, kommt Gott und das Wirken Gottes nie in „Reinkultur" vor. Gott ist in allem „enthalten" so wie Erz im Gestein.

Es hat einen Sinn, um das zu bitten, was man äußerlich gesehen schon hat, weil ich durch das Bitten (z.B. vor dem Essen) eine andere Beziehung zu den Dingen bekomme: Ich empfange sie aus der Hand Gottes und dadurch sind die Dinge und Gegebenheiten etwas anderes für mich, als wenn ich sie nur als mein Produkt und als Ergebnis meiner Machenschaften betrachte.

Die gleiche Funktion wie das Bitten hat das Danken. Danken heißt anerkennen, daß ich etwas als Geschenk bekommen habe. Im Dankfest bringt die ritualisierte Gebärde dies sinnenhaft zum Ausdruck und macht die Beziehung zu den Dingen bewußt:

1. Ich nehme, was ich habe, meine Ernte, meine Situation, mich selber „in die Hand". Jetzt „liegt es auf der Hand", was ist, was ich habe. Ich betrachte es, spreche es aus, gebe es kund, mache es bewußt.

2. Ich gebe es (dem Priester) *aus* der Hand und erlebe dabei „Trennung", Distanz; es ist nicht mehr meines; ich habe es hergegeben. Der

Priester (oder ich selbst) bringt es dar, gibt es hin, gibt es ganz Gott („Darhöhung", „Opfer"). Jetzt ist es dort, wo es hingehört, dort, wo sein Ursprung ist. Zum Zeichen der „Ganzhingabe" wurde die Opfergabe in der Zeit des Alten Bundes verbrannt. Auch die Ganzopferung der Erstlingsgabe soll andeuten, daß *alles* Gott gehört.

3. Ich empfange die Gabe wieder (aus der Hand des Priesters). Jetzt erlebe ich: Gott gibt es mir; ich empfange meine Ernte, mich selbst aus der Hand Gottes. Das ist „Wandlung"; meine Sache ist Gabe Gottes, Geschenk geworden; ich empfange darin die Lebensmacht Gottes, Gott selbst.

4. Nun ist ein Fest der Freude: Gott hat sein Volk „gesegnet". Und dieser Segen liegt ganz sichtbar „auf der Hand". Ich bin beschenkt und kann weiterschenken. Ich kann die Gabe Gottes gar nicht egoistisch behalten, ohne mitzuteilen. Gott gibt alles allen.

Dieses ritualisierte Danken kann man auch als ganz private Gebärde verwirklichen: Ich schreibe meine Lebenslage, mein Leid ins Tagebuch nieder. Damit liegt es „auf der Hand". Ich trage es in die Kirche und lege es vor oder auf den Altar; ich setze mich auf eine Bank und empfinde, was ich getan habe: Ich habe mein Leid hergegeben, hingegeben, ihm gegeben. Ich habe mich „distanziert" von meinem Leid. Nach einiger Zeit nehme ich das Tagebuch wieder an mich: Ich empfange meine Situation neu – aus der „Hand Gottes". Solche Gebärden können äußere Besinnungshilfen sein, um gerade in schwierigen Lebenslagen ins rechte Verhältnis zu kommen.
Schließlich betrachten wir noch, was beim „Loben" geschieht. „Loben" heißt „für lieb halten", „lieb nennen", „gutheißen". Wenn ich Gott „lobe", nehme ich ihn und seine Taten wahr, erkenne ich ihn und sein Werk an. Ich kann Gott loben angesichts eines freudigen Ereignisses; ich kann ihn loben im Blick auf die Schöpfung („Die Himmel rühmen des Ewigen Ehre"); ich kann ihn aber auch loben hinsichtlich des Leids im Wissen darum, daß Gott durch das Leid hindurch das Heil wirkt und in der Hoffnung, daß Gott trotz des Bösen in der Welt und durch das Böse hindurch sein Heil verwirklicht. „Man muß Gott für alles danken", „Man darf Gott in allem loben!" „Unser Lobpreis kann zwar seine Herrlichkeit nicht vermehren, aber uns bringt er Segen und Heil" (aus einem Hochgebetstext). Wenn ich Gott lobe, identifiziere ich mich als Geschöpf, als beschenktes Geschöpf und realisiere damit die Grund-

ordnung des Daseins, in welchem ich durch die rechten Begegnungen Heil und Leben finde.

Nun sei noch das „Fasten" bedacht. „Fasten" bedeutet ursprünglich „festhalten", „beobachten", „bewachen". Fasten heißt Disziplin halten, das Nicht-haben-Müssen üben. Durch Zivilisation und Technik können wir unsere Triebe und unsere Bedürfnisse in einem Übermaß befriedigen. Dies stumpft die Sinne ab und führt zu nacktem (d.h. sinnlosem) Konsum, dieser wiederum zu Abhängigkeit und Sucht. Lebensüberdruß ist oft zurückzuführen auf Disziplinlosigkeit und stumpfsinnigen Konsum. Ein Mensch, der Widerstände scheut und immer den bequemen Weg geht, spürt die Kraft des Lebens zu wenig. Er ist wie ein Wasserrad, das nichts treiben muß; es gibt dem Wasserdruck sofort nach. Die Wasserkraft kommt erst zur Wirkung, kann erst an-greifen, wenn die Turbine etwas treiben muß. Es ist die Versuchung unsere Zeit, bei aller Hetze im Leerlauf zu leben, bis man „leergelaufen" ist. Disziplin und Fasten sind die einfachste und billigste Vorsorge gegen Lebensüberdruß und andere Wohlstandserscheinungen. Ohne Enthaltsamkeitsübung kommen auch keine echten Freiheits- und Selbstwertgefühle zustande. Aus der früheren, unter schwerer Sünde verpflichtenden Fastenordnung kann man noch ersehen, welche Bedeutung man dem Fasten zumaß. Die Zeiten haben sich geändert, aber der Sinn des Fastens und die Notwendigkeit des Fastens sind gleich geblieben. Was die Menschen früher aus Angst vor Sünde und Strafe taten bzw. nicht taten, müssen sie heute aus eigener Einsicht tun. Was früher von außen her verordnet wurde, muß sich heute weithin jeder aus eigener Erkenntnis verordnen. Wenn diese aber fehlt, so muß man auf die alten Einsichten vertrauend zurückgreifen.

Ich muß Gott in meinem Leben einen festen Platz geben durch regelmäßige Übung von Beten und Fasten. Jeder muß die Form finden, die seinem Leben und seinen Fähigkeiten am besten entspricht. Gott nimmt gewiß auch dann in meinem Leben Platz, wenn ich ihm keinen anbiete! Gott erzwingt ihn sich nicht; er ist auf mich nicht angewiesen, aber ich auf ihn. Gott ist nun einmal *das* Leben. Wenn ich „gottlos" leben will, werde ich erfahren, daß dies nicht geht. Wer Beten und Fasten zu einer festen Lebensordnung gestaltet, der läuft auch nicht so leicht Gefahr, am sinnlosen Leben zu scheitern.

Von den Toten auferweckt

Auferstehung – Auferweckung

Die Auferstehung Jesu geht uns alle an. Ginge es dabei nicht um unser eigenes Schicksal, hätte dieses Thema nicht solche Dringlichkeit. Im 15. Kapitel des 1. Korintherbriefes kommt klar zur Sprache, daß das Problem nicht im Unterschied der Auferstehung Jesu von unserer Auferstehung liegt, sondern in der Auferstehung überhaupt.
Das Unterschiedsproblem – Auferstehung Jesu: Auferstehung der Menschen – nimmt in dem Maße zu, als man beginnt, in Jesus einseitig den „ganz anderen" zu sehen, ausgestattet mit besonderen Kräften, die uns allen fehlen. Je stärker wir Jesus mit göttlichen Eigenschaften versehen, desto größer wird die Distanz zwischen uns und ihm: Jesus wird der mächtige Vorgesetzte, dessen Menschlichkeit mehr in Herablassung und Wohltatenspende als im Brudersein gesehen wird. Theoretisch besteht zwischen den zwei folgenden Formulierungen wohl keine Gegensätzlichkeit, und doch bedeuten sie für unser Bewußtsein etwas ganz Verschiedenes: In Jesus ist Gott unser Bruder geworden. – Jesus ist Gott. Diesen verschiedenen menschlichen Einstellungen bezüglich des Jesusgeschehens entsprechen die Worte „auferweckt" und „auferstanden".
Die ursprünglichere Formel – *„Gott hat ihn auferweckt"* – zeigt noch deutlich die erlebnismäßige Bedeutung, die Jesus für die Mitwelt hatte und hat. In und durch Jesus wurde erfahren, wie Gott am Menschen handelt: Er läßt sich ein, er rettet, er befreit; er rettet durch alles menschliche Scheitern und Sterben hindurch.
Jesu Schicksal ist das Schicksal der Menschen überhaupt. Wenn das Geheimnis des Lebens an einem Weizenkorn offenbar wird, dann wird es von allen Weizenkörnern offenkundig. Ein anderer Vergleich: Ich brauche nur einen Menschen zu untersuchen, um zu wissen, daß jeder Mensch Lunge, Herz und Leber hat.
So bedeutet die Auferstehung des Einen die Auferstehung aller.
Die andere Formel – *„Er ist auferstanden"* – entstammt nicht mehr so unmittelbar der Jesuerfahrung. Sie beinhaltet bereits theoretisches Nachdenken über Jesus und die menschliche Vorstellung über göttliche Allmächtigkeit, die hier von Jesus ausgesagt wird. Wenn er nämlich „selber Gott war", mußte er nicht „auferweckt werden", sondern er konnte selber „auferstehen".

Bei dieser Jesusvorstellung entsteht natürlich sofort das Problem des Unterschieds zwischen ihm und uns:
Er konnte ja „leicht" auferstehen, aber wir! – Und gleichzeitig fragen wir: Was soll dies alles? Wollte Gott (Jesus) nur zeigen, was er alles kann, und uns mehr oder weniger im Ungewissen lassen?
Der Gedanke „Weil er Gott war, ist er auferstanden" besteht gleichzeitig auch in der Umkehrung: Weil er auferstanden ist, war er Gott. Das „Selber"-Auferstehen wird hier einfach als Gottesbeweis verstanden.
Den meisten von uns ist die Auferstehung als Gottesbeweis für Jesus noch so geläufig, daß wir bei dem an sich ursprünglicheren Wort „auferweckt" bereits aufhorchen, weil wir meinen, durch dieses Wort sei die Gottheit Christi in Frage gestellt. Tatsächlich wird aber nicht die Gottheit Christi in Frage gestellt, sondern unsere Denkweisen und Vorstellungen, mit denen wir uns der Wahrheit Gottes nähern.
Hier sind wir nun bei einem „sehr" menschlichen Problem angelangt: Für uns Menschen im Wandel der Geschichte, d.h. im Wandel der Kulturen, Weltbilder und Denkweisen, gibt es keine absoluten, sondern nur vorläufige, jeweils brauchbare und für den Augenblick bestimmte Begriffs- und Verständigungsmöglichkeiten.
Vielleicht wird man schon in zehn Jahren über Gott, Leben und Auferstehung in ganz anderer Weise denken und sprechen müssen, als wir es heute tun, damit die Botschaft vom Leben überhaupt noch vernommen werden kann.
Diese geschichts- und entwicklungsbedingten Verstehens- und Verständigungsprobleme bestehen aber auch in Gleichzeitigkeit nebeneinander: Es kann sein, daß einer bei der Formel „auferweckt" seinen Glauben und seine Hoffnung bedroht sieht, während ein anderer der Auffassung ist, daß durch die Formel „auferstanden" die Jesusgestalt in magisch-mythischer Weise verfälscht wird.
Mit diesen Formeln einen Glaubenskrieg (wenn auch nur als Kleinkrieg) zu beginnen, ist ebenso menschlich wie sinnlos. Dies verrät nur, wie nahe und vielleicht auch wie untrennbar Glaubensüberzeugung und Rechthaberei beisammenliegen. Es gibt noch andere Formeln über Auferstehung (besonders bei Johannes), die ebenso im Glaubensbewußtsein des Gottesvolkes ihren Ursprung haben und die auch verdienen, gründlich meditiert zu werden: z.B. die „Ich bin" -Formel in Verbindung mit Auferstehung und Leben (Joh 11,25: „Ich bin die Auferstehung und das Leben").

Diese ersten Überlegungen haben eine doppelte Aufgabe:

1. Es sollte klar werden, warum die Auferstehung Jesu und die Auferstehung der Menschen überhaupt als ein und dasselbe Problem gesehen werden müssen.

2. In den weiteren Überlegungen ist der Unterschied zwischen „Auferstehung" und „Auferweckung" im Gebrauch der Worte absichtlich nicht beachtet. Denn aus dem Vergleich beider Begriffe gewinnen wir kaum entscheidende Einsichten für unser Problem
(Bei dem Wort „Auferstehung" denken wir spontan an den Vorgang des Übertritts vom Tod zum Leben, während sich das Wort „Auferweckung" unwillkürlich mit der Vorstellung „Wiederbelebung" verbindet, wohl als Folge der biblischen Totenerweckungserzählungen.)

Trost oder Vertröstung

Auferstehung bestimmt unser Leben, ob wir daran glauben oder nicht.
Für sehr viele ist Auferstehung das Ereignis der Zukunft. „Auferstehung" ist verknüpft mit Begriffen wie Jenseits, drüben, nachher, am Ende, Himmel, Leben nach dem Tod.
Auferstehung bedeutet nach wie vor Leben, Leben in Fülle. In unserem Bewußtsein hat sich leider die Wahrheit dieses Lebens, das für den Menschen alles bedeutet, so stark und einseitig als Zukunftswirklichkeit gebildet, daß die Gegenwart unseres jetzigen Daseins geradezu entleert und „entsinnt" ist. Unser jetziges Leben erscheint auf dem Hintergrund dieser massiven Zukunftsvision als Wartesaal oder moralisch verstanden als Probezeit, in der man sich die Zukunft verdienen kann.
Gewiß wird unser Denken und Handeln von heute bis in Einzelheiten hinein von der Hoffnung auf das Morgen wesentlich bestimmt; um morgen sicher und glücklich zu leben, zahle ich heute meinen Beitrag an eine Versicherung. Wenn wir nun unser gegenwärtiges Dasein überwiegend von den „letzten Dingen" (von der großen Zukunft) her verstehen und es daraufhin planen, im Sinne von Wartesaal und Probezeit, dann brauchen wir unbedingt irgend etwas in der Gegenwart, das uns Sicherheit gibt, eine hinreichende Garantie, daß wir es richtig machen. Diesem „Etwas in der Gegenwart" entspricht im obigen Vergleich mit der Lebensversicherung die Versicherungspolice. „Police" für die Auferstehung ist für uns hauptsächlich der *Beweis* für die Auferstehung (Jesu).

Diesen Beweis entnehmen wir den Inhalten der biblischen Ostererzählungen, meist verbunden mit den klinisch für nachweisbar gehaltenen Totenerweckungen. In diesen Beweisen meinen wir die Garantien für Auferstehung in der Hand zu haben. Das Für-wahr-Halten der Beweise ist bei vielen das entscheidende Moment im Auferstehungsglauben – verständlicherweise!
Wie sollte Auferstehung der Trost unseres Lebens sein, wenn wir davon nichts in Händen hätten! Alles würde sich als billige Vertröstung entlarven, würden die Beweise nicht stimmen. Und wer könnte an solchen vertröstungen Interesse haben außer machthungrigen Menschen, die aus der Leichtgläubigkeit und Frömmigkeit der anderen Kapital schlagen. Wenn die Beweise nicht stimmen, gleichen wir Menschen, die einem Betrug zum Opfer gefallen sind. Enttäuschung und Verbitterung beim Erkennen der gefälschten „Versicherungsscheine" sind nicht verwunderlich.
Hier wird bereits bewußt, daß das eigentliche Problem des Auferstehungsglaubens nicht in der Zukunft liegt, sondern in der Gegenwart. Vieles, was bisher unangefochten Beweis- und Stützfunktion ausübte, kann als solches nicht mehr aufrechterhalten werden. Worauf soll dann Auferstehungsglaube gründen? Lassen wir die Frage noch offen.
Nun muß aber eingeräumt werden, daß wir manche Inhalte der Ostererzählung erst zu Beweisfakten gemacht haben, die nie als solche gedacht waren. Unsere Absicht (wie wir die Ostererzählungen verstehen wollen) deckt sich häufig nicht mit den Absichten der biblischen Erzähler. Wir wollen Beweise; der biblische Erzähler will seine Ostererfahrung künden, veranschaulichen, verteidigen und bisweilen als Ostertheologie weitergeben.
Wenn heute manche Beweisfakten aufgrund der Forschung und anderer Faktoren (Weltbild, philosophische Denkstruktur) fragwürdig geworden sind, muß man nicht gleich von „Schwindel" und „Betrug" reden. Die menschliche Beweishungrigkeit und Beweisbedürftigkeit hat wie gesagt manches erst zum Beweis gemacht, was von Haus aus keiner war. Und daran sind wir alle „schuld", weil wir alle geneigt, dem Risiko der Gottbegegnung (in der Gegenwart) – so weit es an uns liegt – zu entgehen und in unpersonale Beweise zu flüchten.
Personalität (Liebe) kann durch Denken nicht erzeugt und nicht ersetzt werden. – Vielleicht flüchten wir uns deshalb so stark in die Fakten der Vergangenheit, weil wir zu kleingläubig geworden sind, um in den Fakten der Gegenwart zu erleben!
Der Vergleich und die Eigenart der biblischen Ostertexte ergeben beim besten Willen keinen Beweis im üblichen und von uns gewünschten Sinn.

Überlieferungsinhalte wie z.B. das leere Grab, die Wächter am Grab, die Engel am Grab und bei der Himmelfahrt, das Kommen bei verschlossenen Türen, das Sehen des Auferstandenen, das Essen mit dem Auferstandenen sind so vieldeutig, daß wir gerade mit unserer Wirklichkeitsschau und mit den heutigen Methoden des Erkennens einfach nicht unterscheiden können, was historisches Geschehen (protokollierbar, mit Film und Tonband aufnehmbar) und was Verkündigungsmittel („Interpretament") ist. Als Verkündigungsmittel kommt alles in Frage (Begriffe, Vorstellungen, Bilder, Verbildlichungen, Erzählungen), was der Verständigung über eine an sich unaussprechliche und unanschauliche Wirklichkeit dient. (So kann man sich beispielsweise über die Wirklichkeit der Liebe nur mit Hilfe von „Interpretamenten" verständlich machen unter der Voraussetzung einer gemeinsamen Erlebnis- und Erfahrungsgrundlage.)
Die Unmöglichkeit der genauen und sicheren Trennung von Interpretament und Botschaft, von Gefäß und Inhalt führt dazu, daß wir mit einer ganzen Skala von Möglichkeiten des historischen Geschehens rechnen müssen. Aber gerade die Vielfalt der Möglichkeiten verbietet den historischen Beweis (in dem Sinn, wie wir ihn immer haben wollen).
Es ist aber nicht Aufgabe der wissenschaftlichen Erforschung, die Wahrheit der Osterbotschaft zu begründen oder zu beweisen, sondern diese Botschaft uns verständlich zu machen und als glaubwürdig auszuweisen
Mit einem Beispiel soll unser Problem noch deutlicher werden. Das leere Grab. War das Grab (am Ostermorgen) leer oder nicht? „Und wenn es nicht leer war, dann ist alles Schwindel." Wenn das leere Grab selbst Inhalt der Osterbotschaft wäre, dann würde die oben angeführte Konsequenz stimmen. Wenn das leere Grab aber nicht Inhalt, sondern Interpretament (Gefäß) der Osterbotschaft ist, dann zielt unsere Frage nicht auf auf leer oder nicht leer, sondern auf die Bedeutung dieser Chiffre. Was soll das bedeuten: Das Grab war leer? Ob leer oder nicht leer, – die Botschaft bleibt dieselbe: Der Herr lebt.
Verloren geht uns nicht die Botschaft von der Auferstehung, sondern nur der (von der Eigenart biblischer Texte her gesehen zu Unrecht geforderte) Beweischarakter der Aussage.
Ob das Grab nun leer war oder nicht, läßt sich heute bei aller Anstrengung nicht ausmachen. Es ist aber auch zu bedenken, ob das tatsächlich (beweisbar) leere Grab ein Beweis für Auferstehung wäre, wenn wir unter Auferstehung doch etwas wesentlich anderes (vgl. später) verstehen als „Wiederbelebung".

Wenn wir schließlich einsehen, daß der Zugang zur österlichen Wahrheit nicht auf dem Weg des Nachweises liegt, bringt diese „Entkräftung" bisher für notwendig gehaltener Auferstehungsbeweise etwas sehr Befreiendes: Wir sind nicht mehr mit Absolutheit davon abhängig, daß die einzelnen Inhalte der Ostererzählungen historische Fakten sind.
Die Menschen sind angewiesen auf die Befreiung, d.h. auf die Einsicht: „Hier, in den historischen Einzelfragen, liegt nicht das Entscheidende", wenn sie in der Flut von Argumenten einen lebendigen, lebensnahen Glauben behalten wollen.
Denken wir an einen Menschen, dem das leere Grab „alles" bedeutet und der bei einer diesbezüglichen Fernsehdiskussion aus dem Munde von Fachleuten – mit reichhaltiger und gründlicher Dokumentation versehen – dargelegt bekommt, daß eine Filmkamera am Ostermorgen beim Jesusgrab wahrscheinlich nichts Besonderes hätte aufnehmen können! Soll er nun sagen. „Unser ganzer Glaube ist also Schwindel"? Oder soll er sich die Ohren zuhalten, in Abwehr gehen und sagen: „Diese bösen Wissenschaftler zerstören uns den ganzen Glauben"? Oder soll er nicht besser sagen: „Wenn hier also der Zugang zum Osterglauben nicht liegen kann, müßte und könnte er vielleicht woanders liegen"?

Überkommene Vorstellungen und ihre Schwierigkeiten

Viele Vorstellungen im Problembereich Auferstehung haben unüberwindliche Schwierigkeiten in sich selbst, wenn man annimmt, daß diese Vorstellungen und Bilder die Wirklichkeit *unmittelbar* und *direkt* wiedergeben. Diese Schwierigkeiten betreffen bereits Kinder; sie können uns Erwachsene ziemlich in Verlegenheit bringen. Folgende Problemfragen wurden von Kindern im Religionsunterricht gestellt.
Könnten wir, und wie würden wir dazu Stellung nehmen:

Tod Jesu
Kann Gott sterben? Wo war die Seele Jesu, während der Leib im Grabe lag? Wenn alle Leute die Ereignisse beim Tod Jesu gehört und gesehen haben (Mt 27,51-55), warum haben dann nur so wenige geglaubt?

Auferstehung
Hat Jesus zu seiner Auferstehung dieselben Körperzellen verwendet, die er vorher in seinem irdischen Leben gehabt hat? Wird unser jetziger

Leib, der stirbt und verwest, einmal auferstehen? Wie ist es dann bei Beinamputierten, bekommen die ihr verlorenes Bein wieder? Wenn jemand durch eine Atombombe umkommt, so daß nicht einmal mehr Asche übrig bleibt, oder wenn jemand von einem Tier gefressen worden ist – können diese Menschen auferstehen?

Der verklärte Leib
Die Evangelisten erzählen, daß der auferstandene Jesus mit seinen Jüngern gegessen hat. Kann man mit dem Auferstehungsleib essen? „Fällt das nicht durch?" Lukas erzählt, daß der Auferstandene zum Beweis, „daß er es ist" (kein Gespenst) „vor ihren Augen" ein Stück Fisch aß (Lk 24,36-43). War nun der Fisch auch verklärt? Werden wir im Himmel essen und trinken können? Wenn man von Jesus Gebeine fände…?

Erscheinungen
Jesus hat sich in einen Wanderer, Gärtner „verzaubert". Jesus ist seinen Jüngern leibhaftig erschienen. Wo war er in der Zwischenzeit? Wo hat er geschlafen? Das ist doch ungerecht, daß Jesus nur seinen Jüngern erschienen ist! Wir glauben doch auch an ihn. Warum kommt er zu uns nicht?

Himmelfahrt
Wenn Jesus mit Lichtgeschwindigkeit gestartet wäre, müßte er jetzt noch mitten im Weltall sein. Wo ist der Himmel? Warum mußte er auffahren? Es ist doch unbegreiflich, daß sich die Jünger gefreut haben, als ihr lieber Jesus von ihnen fortging!

Totenerweckungen
Die Evangelisten erzählen, daß Jesus Tote erweckt hat (Jairustochter, Jüngling von Naim, Lazarus). Warum hat Jesus das getan, wenn es doch keine Auferstehung war? Warum mußten diese Menschen zweimal sterben? Wo war die Seele, als der Leib tot war?
Das Matthäus-Evangelium erzählt: „Die Gräber taten sich auf, und viele Leiber der Heiligen, die entschlafen waren, wurden auferweckt, gingen nach seiner Auferstehung aus den Gräbern, kamen in die Heilige Stadt und erschienen vielen" (Mt 27,52f).
Wie soll man das verstehen? Eine Massenerweckung mit so geringem Echo! Und wie läuft das zeitlich ab: Beim Tod Jesu werden sie erweckt und *nach* seiner Auferstehung kommen sie aus den Gräbern?

Wenn früher solche Fragen und Bemerkungen von Schülern vorgebracht wurden, ist das von manchen Religionslehrern als Widerstand gegen den Glauben oder als ein Hereinlegenwollen angesehen worden. Gewiß sind solche Fragen im Grunde sinnlos. Und wenn auch für manche Fragen mit Hilfe theologischer Gedankengebäude eine Antwort gefunden wird, hilft uns das nicht viel weiter, denn die Fragwürdigkeit der Fragestellung haftet auch den Antworten an.
An der Tatsache aber, daß solche Fragen gestellt werden – nicht nur von Kindern –, dürfen wir nicht einfach vorbeigehen. Hier wird nämlich mehr eine Schwierigkeit des Denkens als des Glaubens offenbar, die durchaus – wenn auch nicht immer tatsächlich, so doch grundsätzlich – behoben werden kann.
Alle diese Fragen sind so angelegt, daß wir den Auferstehungsvorgang und alles, was damit zusammenhängt, erkennen wollen. Und genau hier liegt der Fehler.
Durch die Vergeblichkeit solcher Fragen werden wir schon darauf gestoßen, daß Auferstehung ein Vorgang ist, der nicht wie andere Vorgänge und Ereignisse in Natur und Geschichte mit unseren geläufigen Methoden des Erkennens wahrgenommen wird. Jetzt schon läßt sich sagen: Wenn Auferstehung so wie ein Naturvorgang in Maß, Gewicht, Protokoll und Reportage beschrieben werden könnte, wäre sie nicht mehr Auferstehung, d.h. Übertritt in eine ganz andere Seinsweise, und wir könnten getrost darauf verzichten.
Bei unseren Fragen nach der Auferstehung und deren Bezeugung begegnen wir ferner nie direkt dem Auferstehungsvorgang als solchem, sondern immer nur in Verbindung mit Menschen, die erfahren haben: Es ist der Herr; er lebt. In der Verkündigung der Evangelien kommt Auferstehung nie als solche, d.h. in wissenschaftlicher Analyse und Beschreibung zur Sprache, sondern als Erfahrung, d.h. als eine Wirklichkeit, die die betreffenden Menschen so ergriffen hat, daß ihr ganzes Leben davon bestimmt wurde.
Zur Verdeutlichung wieder ein Vergleich mit der Liebe: Liebe wird immer erfahren als Liebe von Menschen; ohne das „Gefäß" Mensch kommt Liebe nicht vor. Man kann von Liebe reden, weil man sie erfahren hat. Man kann von Liebe überzeugt sein und diese Überzeugung kundtun, sichtbar werden lassen, aber nicht dozieren.

Ähnlich ist es mit der Auferstehung: Sie wird bezeugt von Menschen, die sie bekennen – und sich dazu bekennen.

Ergebnisse aus den bisherigen Überlegungen

1. Mit unseren Fragen können wir uns nicht an den Naturwissenschaftler wenden.
Es gibt keine Versuchsanordnung, mit deren Hilfe über Auferstehung und „ewiges Leben" eine Aussage gemacht werden könnte.
Wenn wir vom „verklärten Leib" usw. reden und denken, muß uns bewußt bleiben, daß es sich hier um Hilfsvorstellungen handelt.
Wir dürfen nicht der Versuchung erliegen, daß wir Auferstehung und Verklärung gedanklich doch immer wieder wie einen Naturvorgang behandeln. Diese „Denkschranke" ist nun einmal gegeben.

2. Die entscheidende Problemlösung dürfen wir auch nicht vom Geschichtswissenschaftler erwarten. Mit den Methoden, die ihm zur Verfügung stehen, kann er Auferstehung gar nicht finden. Er kann sich nur mit dem Leben und Sterben Jesu befassen und schließlich mit den Menschen, die bezeugen, daß sie Auferstehung erfahren haben.
Die Tatsache, daß es keinen historischen Beweis für die Auferstehung gibt und geben kann, darf nicht gleichgesetzt werden mit „nicht geschehen".

3. Mit unserem Problem können wir uns auch nicht an den Theologen wenden, sofern er nur Wissenschaftler ist. Nur wenn und sofern er auch ein glaubender, überzeugter Mensch ist, kann er für uns bedeutsam sein.
Der Glaube an die Auferstehung ist die entscheidende Voraussetzung für die Verkündigung der Auferstehung. So ist jeder Glaubende in irgendeiner Weise auch Verkünder. Je bewußter und kritischer jemand diesen Glauben verwirklicht, desto mehr Gewicht erhalten seine Argumente.
Wir erkennen schließlich, daß wir mit unseren Problemen angewiesen sind auf die Tradition der Auferstehungsgläubigen: auf die ersten Auferstehungsgläubigen ebenso wie auf die gegenwärtigen.
Nur am glaubenden Menschen selbst wird sichtbar, daß es Auferstehungsglauben gibt. Um selbst zum Auferstehungsglauben zu gelangen, müssen wir solchen Menschen begegnen können.

Die Erfahrung des Auferstandenen

Ein-Bildungen
Auferstehung ist ein Vorgang, der unsere Existenz betrifft; aber er verläuft nicht in der Weise wie etwa Wachstum und Reifung eines Menschen. In unserem Denken werten wir das Zeugnis vom Auferstandenen

ganz unbewußt auch als Zeugnis des Auferstehungsverlaufs, obwohl beim Auferstehungsgeschehen niemand dabei war. Wir nehmen das Zeugnis der Jünger an: „Der Herr lebt" und folgern richtig weiter: Also ist er auferweckt worden (auferstanden). Gleichzeitig mit diesem Gedanken wird aber eine Vorstellung in unser Bewußtsein eingeblendet, die genauso gebaut ist wie die Vorstellungen, die wir uns von Naturvorgängen im allgemeinen machen. – Um Mißverständnisse zu vermeiden: Hier ist die Vorstellungsweise gemeint, nicht der Vorstellungsinhalt (inhaltlich denken wir freilich von Auferstehung nicht so wie vom Wachstum einer Pflanze).

Während nun Vorstellungen von Naturvorgängen direkter Ausdruck der Vorgänge selbst sein können (z.B. die Vorstellungen vom „Wachstum"), so sind die Vorstellungen von Auferstehung im Vergleich zu anderen nur *Hilfs*vorstellungen, die nicht mehr das *Wie* des Vorgangs, sondern nur das *Daß* des Vorgangs zum Ausdruck bringen können.

Die nähere Begründung hierfür wurde im vorherigen Kapitel mit der Unanschaulichkeit des Auferstehungsvorganges gegeben.

Vielleicht möchte nun jemand einwenden: Wenn es von Auferstehung nur „Hilfs"-Vorstellungen gibt, sollten wir dann nicht lieber ganz auf eine Vorstellung verzichten?

Ohne Vorstellungen kann man nicht denken. Von der Wirklichkeit muß man sich, ob direkt oder indirekt, „ein Bild" machen können. So können wir das Erkennen als „Ein-Bildung" der Wirklichkeit verstehen (vgl. „species" in der thomistischen Erkenntnislehre).

In unserem Sprachgebrauch ist dieses Wort leider kein neutraler Begriff mehr; er wird nur mehr negativ verstanden als Einbildung von nicht vorhandenen Wirklichkeiten: „einer Einbildung zum Opfer fallen", „alles nur Einbildung".

Wenn dieses Wort nicht so verbraucht wäre, könnte es genau das Richtige sagen: Die Jünger, und alle Auferstehungsgläubigen, haben von Auferstehung und vom Auferstandenen eine Ein-Bildung. Auferstehungserkenntnis als gottgewirkte Ein-Bildung! Mit dem Wort Ein-Bildung könnte auch noch die Verschiedenheit der Vorstellungen deutlich werden, die von ein und derselben Wirklichkeit bei verschiedenen Menschen entstehen. Jeder muß sich sozusagen „sein eigenes Bild machen". D.h., gewisse Vorgegebenheiten, von Mensch zu Mensch verschieden, gehen mit ins Bild ein. Ein vorwiegend naiv denkender Mensch wird von derselben Wirklichkeit eine andere Ein-Bildung haben müssen als ein vorwiegend wissenschaftlich-kritisch denkender Mensch. Ein Orientale

denkt anders als ein Europäer, ein antiker Mensch anders als Zeitgenossen; die Unterschiedspaare ließen sich beliebig fortsetzen.
Die Botschaft von der Auferstehung war auch zur Zeit Jesu bei Juden und Griechen mit jeweils verschiedenen Ein-Bildungen verbunden. Es ist durchaus denkbar, daß die Auferstehungsbotschaft, wenn sie ursprünglich den Griechen zuteil geworden wäre, in den Denkbahnen griechischer Philosophie erfolgt wäre. Bei Paulus spürt man bereits stark das Bemühen, ursprünglich jüdische Vorstellungen und Bilder in die „Währung" griechischen Denkens umzuprägen. Wir können auch sagen, daß das griechische Unsterblichkeitsdenken (vgl. die Abschiedsrede des Sokrates) durch das Jesusgeschehen in gewissem Sinne seine Bewahrheitung bekommen hat. Uns Mitteleuropäern ist die biblische Botschaft ohnehin mehr in den Bahnen des griechischen Denkens zugekommen als in den Vorstellungen des alten jüdischen Bewußtseins.
Mit diesen Überlegungen sollte klar werden, daß die Auferstehungswirklichkeit – und die Glaubenswirklichkeit überhaupt – von sich aus offen ist für verschiedene Denkmöglichkeiten und Erkenntnisweisen. Die Auferstehungsbotschaft ist offen für jeweils neue Ein-Bildungen und Vorstellungen davon.
Wenn wir versuchen, uns von Auferstehung ein Bild zu machen, in einer unserem heutigen Bewußtsein angemessenen Weise, verfälschen wir nicht die Botschaft, sondern wir übersetzen sie in die Wirklichkeit unserer Zeit.

Erscheinung – Vision
Diese zwei Wörter können für unser Problem hilfreich sein. Wir sagen, der Auferstandene ist „erschienen", oder genauer: Jesus ist „als Auferstandener" seinen Jüngern „erschienen". Damit wird bereits angezeigt, daß das Kommen und Gehen des Auferstandenen ganz anders verstanden wird als unser alltägliches Kommen und Gehen. Leider ist aber das „Erscheinen des Auferstandenen" so stark mit dinglichen und magischen Vorstellungen überfrachtet, daß heute kaum jemand beim Erlebnis einer Eucharistiefeier sagen würde: „Heute ist uns der Herr erschienen".
Immerhin verdeutlicht dieses Wort, daß hier eine Wirklichkeit zur menschlichen Erkenntnis gelangt ist, die sich vielleicht im Bereich des Physikalischen ankündet, die aber selbst bereits außerhalb liegt.
Während sich nun das Wort Erscheinung mehr auf die erkannte Wirklichkeit bezieht, betrifft das Wort Vision mehr die Vorgänge im erkennenden Menschen. Mit Vision ist ein inneres – inwendiges Sehen, „Er-schauen" gemeint, das freilich auch mit optischen Vorgängen verknüpft sein kann.

Es lohnt sich, darüber nachzudenken, warum wohl in den Ostererzählungen Maria (Magdalena) Jesus für den Gärtner hält, warum die Emmausjünger ihren geliebten Meister für einen Fremden halten.
Ferner regen folgende Worte zum Meditieren an:
„Ihre Augen waren gehalten." „Brannte nicht unser Herz in uns?" „Sie glaubten, ein Gespenst zu sehen."
Bei den Zeugen der Auferstehung muß sozusagen das entsprechende Sehvermögen erst erweckt werden! Dieses innere Sehvermögen könnten wir auch als ein Sehen des Herzens, der personalen Mitte des Menschen, verstehen. (Vgl. hierzu Saint-Exupéry's „Der kleine Prinz": „Man sieht nur mit dem Herzen gut, das Wesentliche ist für die Augen unsichtbar", und die östliche Weisheit.)
Wahrscheinlich werden auch hier manche einwenden wollen: Wenn die Jünger nur „Visionen" vom Auferstandenen hatten, dann weiß man ja wieder nicht, ob er wirklich auferstanden ist. Dann könnte ja alles auch Irrtum, Halluzination, Vorspiegelung falscher Tatsachen sein!
Zu den bereits genannten Argumenten gegen diese Einwände wäre noch hinzuzufügen, daß das Sehen mit dem Herzen keine „schlechtere" Erkenntnis vermittelt als das optische Sehen. Über das Irrtumsproblem und das Risiko beim Auferstehungsglauben wird noch eigens zu reden sein. Hier nur soviel: Man kann der sinnenhaften Erkenntnis nicht von vornherein mehr Irrtumsfreiheit zuschreiben als der sogenannten Herzenserkenntnis. Das Wort Vision hat wohl deshalb einen so negativen Beigeschmack, weil es ähnlich wie „Einbildung" auch für Selbstbetrug verwendet wird.

Erfahrung
Am wenigsten verbraucht ist wohl das Wort „Erfahrung". Erfahren bedeutet einfach: zu einer Erkenntnis und zu einer Überzeugung gelangen, ohne daß damit ausschließlich ein ganz bestimmter Erkenntnisvorgang, z.B. Sinnenerkenntnis, Herzenserkenntnis, wissenschaftliche Erkenntnis, intuitive, gefühlsmäßige Erkenntnis oder eine Mischung aus diesen Elementen gemeint ist.
Wissenschaftliche Erkenntnisse sind nur für einen begrenzten Objektbereich möglich; Erfahrungserkenntnis umfaßt den vielschichtigen Bereich des Lebens. Erfahrung ist dann vorhanden, wenn ein Mensch in Überzeugung sagen kann: Ich weiß es. Die Erfahrung macht der Mensch; er gehört wesentlich mit dazu. Die Tatsache, daß alle Menschen Erfah-

rungswesen sind, gestattet es, über Erfahrung zu reden, auch wenn dieser Vorgang nicht eindeutig bestimmt und analysiert werden kann.

Ein Computer kann z.B. Erkenntnisinhalte produzieren, die ein menschliches Gehirn nicht mehr leisten kann. Aber ein Computer kann keine Erfahrungen (z.B. Liebeserfahrung) machen.

Erfahrungserkenntnisse können nicht so einfach versachlicht und weitergereicht werden wie etwa wissenschaftliche Erkenntnisse. Dies gilt besonders für Erfahrungen, die nicht alltäglich sind.

Wissenschaftliche Erkenntnis kann man weitergeben, indem man den Erkenntnisweg in Form von Beschreibung des Gedankenverlaufs und des Beweises beifügt; jeder kann sich anhand der Beweise und der Gedankenführung selbst überzeugen. Bei der Erfahrungserkenntnis bin ich persönlich so „mit drin", daß ich sie von mir losgelöst gar nicht weitergeben kann; ich bin darauf angewiesen, daß nicht nur das, was ich sage, sondern ich selbst von den anderen angenommen und ernstgenommen werden. Vom umgekehrten Standpunkt aus gesehen: Wenn ich einen Menschen nicht in irgendeiner Weise gelten lassen kann, werde ich auch seine Erfahrungserkenntnis nicht teilen können.

Es steht außer Zweifel, daß Auferstehungserkenntnis durch Erfahrung zustandekam. Darum kann es keine Auferstehungsbotschaft und keine Auferstehungserkenntnis geben ohne Verknüpfung mit den Menschen selbst, die diese Erfahrung gemacht haben.

Wenn wir nun durch das Lesen der Evangelien und der Hl. Schrift überhaupt zum Glauben und zum Auferstehungsglauben gelangen wollen, dann dürfen wir von vornherein nicht Beschreibung und Beweise von Vorgängen suchen und erwarten wie von einem Physikbuch. Wir müssen vielmehr in einer ganz anderen Fragehaltung an die Hl. Schrift herangehen: Was sind das für Menschen, was für Erfahrungen müssen sie wohl gehabt haben, wenn sie sich so und so verhalten haben? Welche (menschlichen, gottgewirkten) Erfahrungen müssen stattgefunden haben, daß diese Ostererzählungen entstanden sind und weitergesagt wurden? Denn zweifellos wurde mit und in den Ostererzählungen die Ostererfahrung weitergegeben, sonst hätte die Kirche gar nicht entstehen können!

Wir machen leider immer wieder den Fehler – trotz aller gegenteiligen Beteuerungen –, daß wir die Bibel, wenn es darauf ankommt, doch wie ein Physik- oder Geschichtsbuch lesen; d.h. wir verlegen den Grund unseres Glauben bzw. Unglaubens in die Geschichten selbst hinein, obwohl wir wissen könnten, daß nicht die Erzählungen selbst, sondern nur die Menschen und Menschengruppen dahinter den eigentlichen Grund unseres Glaubens darstellen können. Menschen (Apostel) sind die „Grundfeste unseres Glaubens"!

Diesen Menschen müssen wir zugestehen, daß sie sich aller für sie und ihre Mitwelt geeigneten literarischen und erzählerischen Mittel bedienen, um ihrer Erfahrung Ausdruck zu verleihen.

Wenn das, was in einer Ostergeschichte geschildert wird, auch unhistorisch wäre, d.h. nicht (so) stattgefunden hätte, dann bliebe diese Erzählung trotzdem Zeugnistext.

Eine weitere Überlegung kann uns für das Verständnis der Auferstehungserfahrung hilfreich sein: Es gibt „natürliche" Erfahrungen, die wir alle haben, die uns nur so selbstverständlich sind, daß wir nicht darüber nachdenken. Von der Liebes-Erfahrung war schon die Rede. Es gibt aber auch die Erfahrung von Dingen und Vorgängen, die wir machen können, ohne wissenschaftlich zu forschen, Erfahrung, die uns etwas anderes sagt als ein Forschungsergebnis.

Nehmen wir als Beispiel das Wasser. Der Wissenschaftler drückt seine Erkenntnisse in Formeln und Gesetzen aus: chemische Zusammensetzung, spezifisches Gewicht usw.

Der Mensch, der Wasser *erlebt,* bringt es anders zum Ausdruck: Wasser erfrischt, belebt, sprudelt, reinigt, heilt oder zerstört usw.

Solche Erfahrungen kann man nicht unbedingt beweisen oder den anderen „eintrichtern". Es gibt Menschen, die naß werden und keine Wasserfahrung machen; Menschen, die Töne hören und dabei keine Musik vernehmen. Es gibt Menschen, die dem Auferstandenen begegnen, ja mit ihm „zusammenrumpeln", und ihn für ein Gespenst oder einen Störenfried, – „auf alle Fälle unmöglich für den Auferstandenen" halten. Es gibt Menschen, die mit dem Auferstandenen essen und ihn nicht sehen. Ob diese Blindheit auf Unvermögen oder Schuld zurückzuführen ist, sei offen gelassen!

Wenn wir Auferstehungserfahrung und Gotteserfahrung von den anderen Erfahrungen des Lebens unterscheiden, so dürfen wir daraus nicht folgern, daß auch die Erfahrungs*weisen* verschieden sein müssen. Gott kann in ganz menschlicher Weise erfahren werden. Wahrscheinlich gibt es die „übernatürliche" Erfahrung Gottes als spezifischen Vorgang gar nicht! „Übernatürlich" ist vielmehr Interpretament, das die *Tatsache, daß* ein Mensch Gott erfahren hat, verdeutlichen soll.

Beispiele: Ein Mensch erlebt einen Frühlingstag, ist beglückt über das Leben, das er erfahren hat. Er hat in der Natur Gott erfahren und preist ihn als Schöpfer und Urheber des Glücks. Ein anderer Mensch erlebt den selben Frühlingstag und kommt zu keiner Gotteserfahrung. Nun ergibt sich die Frage, ob etwas und was am Erfahrungsgeschehen des ersteren anders war.

Die Frage läßt sich schlechterdings nicht beantworten. Die Einstellung des erfahrenden Menschen spielt sicher eine Rolle, aber mehr kann man darüber nicht aussagen.

Es gibt Menschen, die ihre medizinisch durchaus erklärliche Heilung von einer Krankheit als Erfahrung des rettenden Gottes verstehen, und andere, die dieselben Situationen „nur" als medizinischen Erfolg werten. Es gibt Menschen, denen durch die Begegnung mit anderen, die durch den Glauben das Leidproblem bewältigen, die Erfahrung vom Auferstandenen zuteil wird: Sie erkennen in der Tiefe, was Auferstehung und Leben sind.

Schließlich gilt: Wer nie die Schönheit einer Blume, wer nie Liebe oder Rettung erfahren hat, mit dem kann man darüber nicht reden. Die Gemeinsamkeit von Erlebniselementen ist die Voraussetzung, um miteinander über uns alle betreffene Wirklichkeiten und Wahrheiten sprechen zu können.

Wenn wir auch nicht sagen können, *wie* speziell Gotteserfahrung (Auferstehungserfahrung) zustandekommt, so gibt es doch keine stichhaltigen Argumente dafür, daß die Tatsache geleugnet werden müßte. Und wenn wir damit rechnen müssen, *daß* es Gotteserfahrung gibt, müssen wir wenigstens auch für möglich halten, daß es für *uns* Gotteserfahrung (Auferstehungserfahrung) gibt, d.h. daß Gott auch in unserem Leben vorkommt.

Wie schon angedeutet, spielen die Aktivität und Einstellung des Menschen bei der Erfahrung eine Rolle. Dies darf nun wieder nicht so verstanden werden, als könne der Mensch Gotteserfahrung erzeugen; denn gerade Auferstehungserfahrung (besonders deutlich in der Darstellung der „Bekehrung des Paulus") ist eine Erfahrung wider alle Erwartung. Dennoch hat das Engagement der betreffenden Menschen Bedeutung.

Das Wort „er-fahren", überhaupt die Vorsilbe „er" (er-leben, er-schauen, Er-eignis) enthält etwas von dem Engagement, das dieser Vorgang er-fordert. Er-fahren bedeutet: sich aufmachen und so lange „fahren", bis man am Ziel ist.

Ob ein Mensch Gott erfahren kann, wenn er ihn in *keiner* Weise sucht? Ob es überhaupt Menschen gibt, die Gott in *keiner* Weise suchen?

Bei diesen Fragen dürfen wir uns natürlich nicht mehr auf eine bestimmte Suchweise, eine bestimmte Gottesvorstellung festlegen.

Sofern Gotteserfahrung auch mit unserer Aktivität und Einstellung zusammenhängt, können wir selbst für das Zustandekommen in gewisser Weise etwas beitragen: Wir können z.B. die Hl. Schrift studieren und die Tradition derer erkunden, die Gott erfuhren. Wir können ganz bestimmte „menschliche Elemente" erkennen, die in Gotteserfahrung enthalten sind: Friede, Glück, Rettung, Liebe.

Die immer wieder geforderte Einstellung ist Glauben; aber nicht primär im Sinn des Für-wahr-Haltens von Aussagen, sondern im Sinn von „sich Gott lassen", „sich auf Gott hin ver-lassen".

Das bedeutet den Verzicht auf Vorurteile, auf die Fixierung von Bildern und Vorstellungen (auf die „selbstgeschnitzten" Bilder von Gott); das bedeutet Offenheit für Gott und seine Erscheinungsweisen. D.h., ich muß damit rechnen, daß ich Gott, Auferstehung usw. ganz anders erfahre, als ich mir das im Augenblick gerade vorstelle.

Das Nichtzustandekommen von Gottes-(Auferstehungs-)erfahrung krankt meist daran, daß wir uns eine ganz bestimmte Vorstellung (übernommene Klischeevorstellung) von Gott (und Auferstehung) gemacht haben und nun auf ein Erlebnis warten, das mit dieser Vorstellung übereinstimmt.

Wenn nun Erlebnisse kommen, die „Auferstehungserlebnisse" sein könnten, bleibt die entsprechende Erfahrung aus, weil die Erlebnisse nicht mit unseren bisherigen Vorstellungen von Auferstehung übereinstimmen: Unsere Festlegung (Verstocktheit) hat uns blockiert!

Bei allen Versuchen, den Glauben zu begründen, tritt das „Anfangsrisiko" des Glaubens unaufhebbar in den Vordergrund. Extrem formuliert könnte man etwa sagen: Ich muß mich jemandem über-lassen, von dem ich nicht gar nicht weiß, ob er da ist. Oder dem Auferstehungsproblem entsprechend formuliert: Nicht durch die Auferstehung kommen wir zum Glauben, sondern durch den Glauben zur Auferstehung. Mit Glauben ist hier „Anfangsglaube" gemeint, d.h. jene Bereitschaft, sich ohne Beweis und Garantie aus der Hand zu geben.

Bohren wir nun weiter und fragen: Gibt es dann nicht doch noch so etwas wie einen Grund, der uns angibt, ob es richtig ist, dieses Risiko einzugehen? Als Antwort gibt es einmal den Hinweis, daß der Mensch (in der Regel!?) so angelegt ist, daß er Risiken eingehen kann; alles Tun aus Liebe z.B. entspringt einem Risiko. Ferner gibt es den Hinweis auf die Menschen, die das Risiko des Glaubens eingegangen sind, sich auf Gott eingelassen haben und dadurch Sinn und Inhalt des Lebens oder besser: das Leben selbst gefunden haben.

Ziehen wir schließlich noch die Wörter „Er-lebnis" und „Er-eignis" (etymologisch = „Er-äugnis") heran, bekommen wir nochmals den Hinweis auf das eigene Engagement, das sozusagen als Anfangskapital des Glaubens von uns gestellt werden muß: so intensiv leben, bis man Gott erlebt, so intensiv schauen, meditieren (sich in die Mitte hineinbegeben), bis man Gott er- schaut („er-äugt") hat. Früher hat man vielleicht diese Erfahrungsvorgänge zu wenig in ihrer Bedeutung gewürdigt – vielleicht war es auch gar nicht notwendig – und gesagt: An die Auferstehung mußt du einfach glauben!
Vor dem Hintergrund der eben ausgeführten Gedanken sagen wir aber wohl besser: Auferstehung muß er-glaubt werden.

Das Zeugnis

Es gibt viele Tatsachen und Wirklichkeiten, die primär durch Erfahrungen erkannt werden, die aber auch wissenschaftlich dargestellt und bewiesen werden können. Wir haben gesehen, daß Auferstehung nicht zu dieser Art von Wirklichkeit gehört. Wenn Menschen Auferstehung erfahren haben, dann können sie diese Wahrheit nicht dozieren, aber *künden;* sie können diese Wahrheit nicht beweisen, aber *bezeugen*.
Wenn jemand etwas Großartiges oder Sensationelles ganz gleich auf welche Weise – erfahren hat, dann hat er den Drang dies weiterzusagen, er setzt sich selbst mit seiner Darstellungskunst und Energie ein, um Beachtung, Gehör und Glauben zu finden.
„Ich selber habe es erfahren, ich bin Zeuge dafür, daß dies und jenes geschehen ist." Die Votivtafeln in den Wallfahrtskirchen zeigen, wie Menschen künden wollen, daß sie ihre Rettung Gott verdanken, daß sie in ihrer Rettung Gott erfahren haben. Diese Votivtafeln mit ihren Texten sind menschliche Zeugnisse, keine klinischen Gutachten für das Wirken Gottes.
Der Betrachter (Hörer, Leser) solcher Zeugnisse ist nun völlig frei, ob er das Zeugnis annimmt, glaubt oder verwirft, vielleicht mit dem Hinweis: „Hirngespinst", „naive Einbildung unkritischer und unaufgeklärter Menschen". Mit der Ablehnung des Zeugnisses wird aber die Tatsache nicht ausgeräumt, daß es Menschen *gab und gibt,* die ihre Rettung bei aller medizinischen Erklärbarkeit von Gott her verstehen und die sich ihre Erfahrung auch durch alle „Aufklärungsversuche" nicht nehmen lassen. Manchen mag das Glaubenszeugnis von naiven Menschen wegen

der Unaufklärbarkeit stören und ärgern; aber es ist einfach da. Und es wird angenommen von den Einfachen und Einfältigen; ihnen gibt es Trost und Hilfe.

Nun entsteht sofort die Frage: Gibt es kein Kriterium dafür, ob ein Zeugnis echt ist? Und: Gibt es keinen Maßstab für die Wahrheit (sonst wird ja alles Mögliche und Unmögliche „zusammengeglaubt")?

Zur ersten Frage:
Ein Kriterium für die Echtheit des Zeugnisses ist das Verhalten des Zeugen. Wenn einer behauptet, er habe den Auferstandenen erfahren, in seinem Leben aber werden gar keine Konsequenzen dieser Wirklichkeit sichtbar: Freude, Friede, Glück, Bekennermut, Unerschrockenheit usw., dann ist das Zeugnis kaum glaubwürdig. Wenn aber jemand für seine Überzeugung (Erfahrung) in den Tod geht, dann erfährt die Mitwelt ihrerseits: Hier war ein Mensch, der hatte etwas, wofür er leben und sterben konnte. Wenn einer aus Liebe sein Leben hingibt, dann wissen alle: Hier war Liebe vorhanden. Wenn einer für den Auferstandenen sein Leben einsetzt und hingibt, dann wissen alle: Für ihn war Auferstehung Wirklichkeit.

Hier ist auch der historische Beweis möglich: Es gab diese Menschen, die ihr Zeugnis vom Auferstandenen durch den Einsatz ihres Lebens bewahrheitet haben. Und dieses Zeugnis haben andere übernommen, veranlaßt durch die Begegnung (Erfahrung) mit diesen ersten Zeugen. Und so ist Auferstehungsglaube auch ihr Lebensinhalt geworden, für den auch sie in den Tod gehen konnten. So geht es weiter bis in die Gegenwart, in der immer noch Menschen für den Glauben leben und sterben werden.
Der Hinweis, daß man auch für einen Irrtum (z.B. Ideologien des Dritten Reiches) leben und sterben kann, entkräftet nicht die Tatsache, daß das Leben und Sterben für eine Überzeugung die dichteste Form der Bezeugung darstellt.

Die Möglichkeit, daß auch Irrtum und Unwahrheit bezeugt werden, führt uns zur zweiten Frage: Wer bewahrt uns vor „falschen Zeugen"?
Allgemein könnte man zunächst antworten: unsere Liebe, unsere Einsichten, unser Verstand und schließlich unsere Treue zur Tradition.
Mit Tradition ist hier die Gesamtheit der Menschen gemeint, die über vier Jahrtausende hinweg durch dieselben Gotteserfahrungen und ihre Zeugnisse verbunden sind. Die Gemeinsamkeit der Gotteserfahrung ist

sozusagen das vergemeinschaftende Moment, durch das das Volk Gottes entstanden ist und immer wieder entsteht.

So ist es z.B. 4000jährige Tradition, daß Gott immer als der erfahren wird, der ein Weiterkommen gewährt in wegloser Situation. Die Ostererfahrung bringt hinzu, daß auch das irdische Scheitern für Gott kein Grund ist, nicht mehr Retter zu sein.

Es gibt im (biologischen) Tod das „Entschlüpfen". Er gibt seinen „Erwählten" – uns alle – dem Tod nicht preis.

Wenn ich weiß, Gott wurde immer so erfahren, dann weiß ich auch: Die Gotteserfahrung, die ich bei der Rettung aus einer Notlage gemacht habe, ist echt. Wer kündet, er habe von Gott her Rettung erfahren, hat recht. Aufgrund der Kenntnis dieser Tradition *kann* ich (muß aber nicht) Gotteserfahrung erleben. Dadurch werde ich selbst ein Stück Tradition; bei mir wird diese Tradition „um eine Masche weitergestrickt"!

Wenn mir an einem offenen Grab aufgrund der Ostertradition plötzlich das Wort Jesu „aufgeht" –: Schaut die Vögel, die Blumen an...seid ihr nicht viel mehr, ihr Kleingläubigen – und ich gewinne Trost und Auferstehungsglauben, dann kann dies die Ostererfahrung meines Lebens werden, die mein Leben trägt, die mein Denken, Handeln und „Künden" bestimmt.

Von diesen Gedanken her ergibt sich eine herbe Kritik an unserem gegenwärtigen Volk-Gottes-Bewußtsein und Benehmen: Zunächst müßte uns klar sein, daß man Volk Gottes nicht *machen* kann. Der Priester ist nicht „Gemeindemacher", sondern innerer und äußerer Kristallisationspunkt, wo sich die versammeln, die das Zeugnis „unseres" Gottes angenommen und „unseren" Gott erfahren haben. Ferner müßten die Handlungen und Taten dieser Gläubigen mehr Zeugnischarakter haben. Die Mitwelt müßte erleben können: Hier sind Menschen, die erfahren haben, daß Gott Auferstehung, Leben, Liebe ist. Oft wird uns Christen mit Recht vorgeworfen, unser „christliches Handeln" mache eher den Eindruck einer Gute-Werke- Hamsterei und einer Rückversicherung für „letzte Eventualitäten", als daß es Zeugnis der Gotteserfahrung sei.

Die Gemeinde müßte für die Welt „Heilszeichen" sein; in ihr müßte das Zeugnis für Gott geschehen und sich bewahrheiten.

Die Hl. Schrift wird von diesem Gesichtspunkt her als schriftliches Dokument der Tradition, als „verbalisierte Gotteserfahrung" verstanden.

Begeisterung

Geist empfangen

Jesus gibt uns seinen Geist, den Geist Gottes.

In unserem Leben wirken Kräfte, die wir nicht selbst erzeugen können; wir haben nur die Möglichkeit, sie einzulassen. Diese Kräfte bestimmen uns zu Taten, die wir selbst von uns oft nicht erwarten. Das geschieht im Guten wie im Bösen. Geist und Ungeist, Liebe und Egoismus, das sind zwei Seelen in unserer Brust.

Der Ungeist ist die Sucht, das Lebensglück selbst zu bestimmen und zu vollbringen: haben müssen, nicht dienen wollen, hassen und entzweien, rücksichtslos den eigenen Interessen Raum schaffen – daran kann man ihn erkennen.

Gott hat den Ungeist nicht erschaffen; er ist „da", wo die Liebe Gottes nicht gewollt und angenommen wird. Es gehört zum Wesen aller wahren Liebe, daß sie nicht zwingt. Andererseits ist es das Wesen der vernünftigen Geschöpfe, daß sie in Freiheit auf Liebe Antwort geben können. Auch die Freiheit, in der ich auf die Liebe Antwort gebe, ist selber eine Gabe jener Liebe, die ich empfangen habe.

Liebe macht erst frei; ohne Liebe gibt es nur das Müssen. Die bösen Mächte entstehen im Vakuum der Liebe. Der Geist ist es, der lebendig macht. Er bringt mir Freude, Liebe, Glück und Hoffnung, wenn ich ihn wirken lasse. Er selber rührt mich an und öffnet mich. So ist auch das Wirken-Lassen nicht meine Leistung, sondern seine Gabe. Er vertreibt die Finsternis und erwärmt die Herzenskälte; er bringt das Harte und Vertrocknete zum Fließen und macht es wieder fruchtbar.

Wasser, Feuer, Wind, Zungen, Brot und Taube sind die Symbole, durch die die unsagbare Wirklichkeit des Geistes Ausdruck findet.

Der Geist geht in mich ein und durchdringt mich. Er macht aus mir den neuen Menschen, der aus Gott geboren ist. Mein Menschsein wird zum Schauplatz Gottes, wenn mich sein Geist erfüllt. Mein ewiges Ziel rückt in meine Gegenwart; ich brauche nicht mehr zu warten auf mein Ziel, das Ziel kommt mir entgegen. Gott ist entgegen-kommend im Heiligen Geist, den er uns sendet.

Dadurch wird mein ganzes Sein verändert: Ich bin den Zwängen und den Ängsten dieser Welt nicht mehr ausgeliefert und verhaftet. Zwar lebe ich noch in der Welt und für die Welt, aber nicht mehr von der Welt. Meine Heimat ist der Himmel, und diesen Himmel habe ich schon auf Erden.

Geistsendung wird mir bewußt, wenn ich vom Geist ergriffen werde. Das Innewerden von Gottes Nähe verändert mich und gibt mir neue Fähigkeiten. Der Geist Gottes ist mein Anwalt; er macht bekannt, daß Gott mich so liebt, wie ich bin. Dadurch werde ich frei und fähig, daß ich die andern – und mich selbst – so nehme, wie sie sind.

Was Gott an mir vollbringt, was ich durch seinen Geist erlebe, kann ich nun weitergeben in der Kraft desselben Geistes: Weil ich getragen bin, kann ich auch andere tragen. Weil ich in Schuld geliebt bin, kann ich auch meine Feinde lieben. Weil ich Frieden habe, kann ich andern Frieden geben. Ich lebe, doch nicht ich; Christus, sein Geist und der des Vaters, lebt in mir.

Durch die Be-geisterung kommen auch die vorhandenen Fähigkeiten zur Entfaltung und zur Reife. Sie stehen nicht mehr im Zusammenhang von Sünde und von Egoismus; sie stehen nun im Dienst der Liebe. Mein Reden und mein Tun werden durch den Geist zum Wort und zur Tat Gottes. Durch mich wirkt Gott nun in der Welt. Durch mich wird seine Kirche auferbaut; sie ist das Zeichen für das Heil der Menschen.

Vom Geist erfüllt

Der „Geist Gottes" ist das erste und das letzte, wie wir Gott erfahren können. Er ist die Lebenskraft, die mich und die ganze Schöpfung jeden Augenblick am Leben hält. Er ist die Liebeskraft, die mich beglückt und im absoluten Geliebt-Sein vollendet. Es ist verhältnismäßig einfach, Gott durch das Vater/Mutter-Symbol oder durch die Jesusgestalt zu erahnen im Vergleich zum Begriff des „Geistes". „Geist" ist eine Universalaussage. Die vielen Bedeutungen dieses Begriffes in der Bibel und die vielen Symbole, Bilder und Metaphern, mit denen man die Geistwirklichkeit auszudrücken versucht, zeigen die unendliche Vielfalt, die dieser Begriff beinhaltet. Was ist „Geist Gottes" oder „Gott als Geist"?
Vom Menschen her läßt sich wohl sagen: Geist Gottes ist das Urbedürfnis des Menschen. Er ist das, was der Mensch braucht, um „voll" Mensch zu sein. Er ist die Kraft, die den Menschen „vollkommen" und ewig macht. Er ist die Kraft, mit der der Mensch „voll kommen" kann. Das Wort „vom Geist erfüllt" besagt zweierlei: zunächst, daß der Mensch ohne den Heiligen Geist leer ist, daß ihm das Eigentliche fehlt; ferner, daß die wahre Fülle und Erfüllung des Menschen der Geist Gottes ist.
Der Johannesevangelist beantwortet die praktische Frage nach Gott und nach dem Geist Gottes mit der Kurzformel: „Gott ist (die) Liebe". Aber was ist Liebe? Diese Frage findet ihre konkrete Antwort in der lebendigen Jesusgestalt. Wo immer Liebe wirkt, ist der Geist Gottes am Werk. Paulus nennt Liebe, Freude, Friede, Langmut, Freundlichkeit, Güte, Treue, Sanftmut und Selbstbeherrschung die „Frucht des Geistes" (Gal 5,22). Der Geist Gottes ist das, was den Menschen menschlich macht.
Das mit Freiheit, Verstand und Willen begabte Geschöpf kann den Geist Gottes stören. Warum gab Gott dem Menschen die Freiheit, an Gott zu zweifeln, obwohl er ohne Gott nicht Voll-Mensch sein kann? Diese Frage ist letztlich nicht zu beantworten. Wenn man allerdings das Wesen Gottes und des Gottesgeistes in der Liebe sieht, dann kann man erahnen, daß ohne Freiheit keine Gotteserfahrung möglich wäre. Denn die Freiheit gehört zur Liebe wie das Naßsein zum flüssigen Wasser. Ohne Freiheit könnte ich weder das Geliebt-Sein erfahren, noch liebend Antwort geben auf erfahrene Liebe.
Ähnlich wie die Freiheit gehört auch das Vertrauen zur Liebe. Durch das Vertrauen werden die Liebenden eins. Die Liebe hat einende Kraft, die aber Vertrauen voraussetzt. Es ist hilfreich, den Heiligen Geist auch als

einende Kraft zu meditieren. Das Abschiedsgebet Jesu (Joh 17; besonders 17,20-26) regt besonders dazu an. Der Geist Gottes bewirkt die Einheit und Ganzheit des Menschen, der Menschheit und der Schöpfung.
Von Gott her ist die Schöpfung ganz und gut, „ganz-gut". Von den Geschöpfen her ist diese paradiesische Einheit gewährleistet durch das Vertrauen der vernunftbegabten Geschöpfe. Zweifel, Angst und Mißtrauen zerstören die Einheit und Ganzheit. Die Ursünde des Menschen ist der Zweifel an Gott und die damit verbundene Spaltung des Einen, Ganzen in Gut und Böse.
Gott offenbart sich aber als die Liebe und lädt den Menschen ein. Der Mensch darf und kann trotz aller Lebensprobleme, die durch die Sünde entstanden sind und entstehen, zurückkehren zum Urvertrauen. Die einende Kraft des Geistes eint den vertrauenden Menschen mit sich selbst, mit der Menschheit, mit der ganzen Schöpfung und mit Gott.

Teil 3

ZEIT LASSEN

*Laß dir
deine Zeit nicht nehmen! –
Von niemand und von nichts,
auch nicht von dir selbst.*

*Die Zeit ist dir geschenkt;
du mußt sie dir nur lassen.
Wer sich die Zeit läßt,
hat immer Zeit.*

Einführung

Es gibt keine Gottfindung, die nicht zugleich Selbstfindung wäre. Und es gibt keine echte Selbstfindung und Selbsterfahrung, die nicht zugleich Gottfindung und Gotterfahrung wäre. Ich kann Gott immer nur als „meinen" Gott, d.h. als Gott, „der mich mir selber gibt" (Nikolaus Cusanus) erfahren. Mich selbst erfahre ich beglückend nicht als Produkt meiner selbst, sondern als Geschenk. Ich bin ganz ich selbst, wenn ich mich mit mir selbst beschenkt erlebe.

Gott ist die „ziehende" und beziehende Kraft in jeder Beziehung. Er ist „das, was liebt" in der Liebe und er ist „das, was nahe ist" in der Nähe. Bei allem, was ich beitragen kann und beitragen muß, ist es Geschenk, Gnade, wenn ich in Beziehung stehe zu mir selbst (Identität) oder zu anderen Geschöpfen (Kommunikation).

Der Mut, zu Gott zu stehen, fließt in eins mit dem Mut, zu sich selber zu stehen. Mut zum Glauben ist immer Mut zu sich selbst. „Sei du dein und ich – Gott – werde dein sein" (Nikolaus Cusanus). Ohne Mut zu sich selbst, ohne das Wagnis, selbst zu leben, kann ich weder mir selbst noch Gott begegnen. Trau dich zu leben, *dein* Leben zu leben, weil Gott *das* Leben und *dein* Leben ist.

Die Texte und Impulse diese Teils wollen die Einheit von Selbst- und Gottfindung deutlich machen: Ich finde mich in Gott und finde Gott in mir. Sie wollen ferner ermutigen, selbst zu leben und in Eigenverantwortlichkeit das Leben immer wieder neu zu wagen im Vertrauen auf das ewige Geliebt-Sein.

Heiligung – Gelingendes Leben

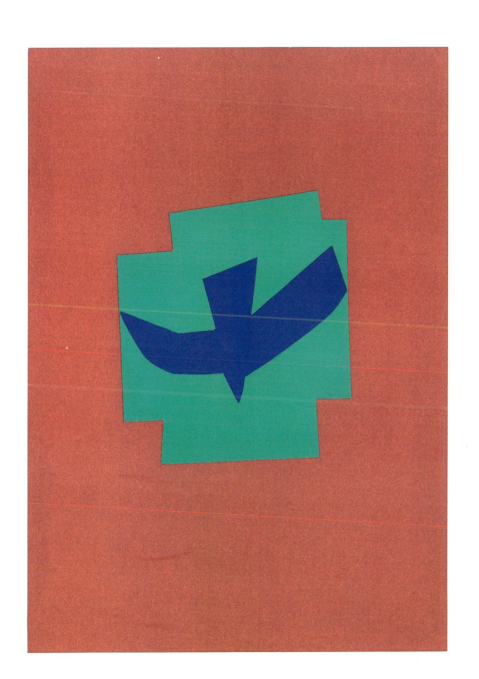

Jesus Christus: Befreier und Erlöser

In unseren Glaubensbekenntnissen und in der theologischen Lehre über Jesus Christus sagen wir so vieles aus, was uns im Grunde unseres Herzens unbewegt läßt. Man beobachtet Aktionen und Unternehmungen, die von der christlichen Lehre abgeleitet werden, kann sich aber des Eindrucks nicht erwehren, daß sich die Akteure auf diese Weise – bewußt oder unbewußt, schuldhaft oder blind – oft nur ungestraft der Jesuswirklichkeit entziehen wollen.
Wir sagen und bekennen sogar: Jesus Christus ist unser Erlöser. Wir sagen: Jesus hat uns von den Sünden erlöst. Aber in unserem Leben ändert sich nichts.
Wenn ich einem anderen sage: „Jesus ist mein Erlöser", dann will der Betreffende mit Recht in meinem Leben etwas davon spüren und erfahren können. Wenn ich sage, „Jesus hat mich erlöst", und man spürt nichts davon, ist das genauso, als wenn ich zu einem Menschen sagen würde: „Ich liebe dich", und der Betreffende fühlt sich genauso allein, wie wenn ich nicht da wäre und das nicht gesagt hätte.
Wenn das stimmt, daß Jesus Erlöser ist, dann müßte das für die Menschen erfahrbar werden allein durch die Tatsache, daß es erlöste Menschen gibt, in deren Leben sich Erlösung unmittelbar auswirkt und dadurch einwirkt auf die anderen, ohne daß sie es eigens sagen müssen, womöglich noch in theologischer Form!
Den Einwand gegen die Christenheit, der von bedeutenden Menschen (Nietzsche, Ghandi, Martin Buber) vorgebracht wird – daß in Jesus und seinem Evangelium das, was Erlösung und Befreiung des Menschen bedeutet, tatsächlich gegeben ist, aber bei den Christen nicht mehr beobachtet werden kann –, müssen wir ehrlicherweise gelten lassen. Gäbe es unter den Christen nicht wenigstens einige, in deren Leben wir etwas von Erlösung und Freiheit verspüren, wäre unser Bekenntnis der Erlösung leeres Gerede.
Es ist die eigene Unfreiheit (Sünde), die uns den Zugang zur Jesuswirklichkeit versperrt, die bewirkt, daß wir lieber in die Jesus*lehre* flüchten, als daß wir uns der Jesus*wirklichkeit* aussetzen.
Wenn wir Zugang zu der Wirklichkeit Jesu als Erlöser und Befreier haben wollen, dürfen wir nicht nach Beweisen suchen und auch nicht nach systematischen Stimmigkeiten der Jesuslehre. Wir müssen einfach den Weg der Jesusgeschichte nachgehen und fragen: Wie kam es dazu,

daß Jesus verkündet wird als Erlöser, Befreier, ja als Gott (Sohn Gottes)? Wenn wir frei genug und offen sind für das Nachgehen der Jesusgeschichte, begegnen wir dem Menschen Jesus und beobachten, wie dieses Menschsein eingewirkt hat auf die Umgebung der einfachen, ideologisch nicht festgelegten Menschen. Die „Interaktionen" der Jesusbegegnung bewirkten bei diesen einfachen Menschen Befreiung, Heilung, Leben. Für den Jüngerkreis war Jesus einfach alles, alle Hoffnung knüpfte sich an ihn.

Freilich waren diese Hoffnungen nicht frei von menschlich sehr begrenzten Vorstellungen (irdisches Messiasreich usw.), so daß der Tod Jesu als die große Enttäuschung angesehen wurde. Die Jünger hatten zwar Jesus erfahren, aber sie hatten noch nicht begriffen! Sie waren noch nicht frei genug. Es mußte mit den Jüngern erst noch etwas geschehen, damit sie frei für die entscheidenden Einsichten wurden, damit die „Spitze" der transzendierenden Jesuserfahrung erreicht werden konnte.

Nach den Zeugnissen der Jünger selbst ist dies geschehen im Oster- und Pfingstereignis. Da wurden sie frei; da erlebten sie, daß sie durch Jesus befreit wurden.

Überall, wohin die nun „befreiten" Jünger Jesu kamen, geschah dasselbe, was mit ihnen geschehen war: Menschen wurden frei, heil, einsichtig. Die Jesuswirklichkeit nahm in ihnen Gestalt an und bewirkte dasselbe, was Jesus bewirkt hatte.

Durch diese ursprünglichen und weitergegebenen Erfahrungen entstand im rückblickenden Verständnis des Alten Testaments das Bewußtsein: Was in den rettenden, erlösenden, befreienden Jahwe- Erlebnissen einst erfahren wurde, ist im Menschen Jesus und durch ihn in einem letzten Höhepunkt erfahrbar geworden, und zwar für alle, die diesen Jesus annehmen.

Um es mit unserem herkömmlichen – theologisch und vorstellungsmäßig freilich etwas mißverständlichen – Wortschatz auszudrücken: Erst in der Oster- und Pfingsterfahrung erkannten die Menschen, daß „Gott Mensch geworden ist". Indem die Menschen frei wurden (transzendierendes Freiheitserlebnis), erkannten sie in Jesus den „alten" Jahwe.

Damit ist uns auch der innere Weg vorgezeichnet, der zur Begegnung mit Gott (Jahwe) durch und in Jesus führen kann: Wir müssen Jesus zuerst als Mensch annehmen und ihn als Menschen meditieren, dann kann es sein, daß die Jesuserfahrung transzendiert zur Gotteserfahrung, daß wir erkennen, wer und was Jesus eigentlich für die Menschen ist: Befreier, Erlöser, Gott (Jahwe). Der „Gottesbeweis" für Jesus ist erst dann und nur dort gegeben, wo ein Mensch durch Jesus tatsächlich befreiter und glücklicher wird.

Die Frage, warum für so viele Menschen, die sich christgläubig nennen, Erlösung, Befreiung, Glück keine Gegenwartswirklichkeiten sind, sondern Zukunftsgüter, die man sich durch moralische Anstrengung verdienen muß, ist nicht leicht (und im Grunde gar nicht) zu beantworten.

Vielleicht können ein paar Gedanken das Problem etwas erhellen. Der Mensch steht ja seiner eigenen Befreiung nicht passiv gegenüber. Die Tatsache, daß der Mensch in seiner Freiheit zu seiner eigenen Befreiung ja sagen muß („Mitwirken mit der Gnade"), ist wie ein Axiom zu betrachten. Der Mensch will Befreiung und tut oft das Gegenteil (vgl. Röm 7); er ist sozusagen ein Wesen, das dauernd über seine eigenen Füße stolpert. Und trotzdem besagt dies wieder keine absolute Unfähigkeit, frei zu sein.

Gründe, warum Jesus nicht „aufgeht" und den Menschen nicht ausfüllt:

1. Der Mensch kann sich einmal *grundsätzlich gegen Jesus* stellen. Er hat und bekommt kein Verständnis für das, was in „sein Herz gesät wird". Jesus wird bei ihnen „zertreten".

2. Die *Oberflächlichkeit* ist ein weiterer Grund, warum Jesus bei vielen nicht ankommt. Man muß Jesus alle Schichten des Menschseins zur Verfügung stellen und sich auch Zeit, Sorgfalt und Ausdauer für das Jesusproblem nehmen. Durch einen begeisterten Vortrag über Jesus wird kaum eine transzendierende Befreiung stattfinden. Noch bevor Jesus „Wurzel fassen kann", legt man ihn beiseite!

3. Wenn Jesus einmal Wurzel geschlagen hat, dann wird er entweder mein *ganzes* Menschsein erfüllen oder wieder verschwinden. Eine Koexistenz mit eigensinnigen Forderungen und Bedingungen ist nicht möglich. Entweder alles oder nichts!

4. Wenn ich aber *absichtslos und bedingungslos* Jesus annehme, dann wird er mir alles, mein Leben; dann werde ich frei, aber nicht nur für mich! Ich selbst werde meinen Mitmenschen auch alles; sie werden frei in der Begegnung mit mir. Und ich erfahre dabei, daß ich es bin und zugleich auch wieder nicht ich, sondern „Christus in mir"; durch Christus „bin ich allen alles geworden" (1Kor 9,22). Dies ist die befreiende und befreite Ich-Freude des Christen, der – so paradox es klingt – in seiner Verinstru-

mentalisierung" totale Befreiung, totales Angenommensein erfährt (natürlich nur, soweit er sich verinstrumentalisiert). Der Vergleich mit einem Werkzeug, ohne das man nicht arbeiten kann, vertieft das Wort „Verinstrumentalisierung". In diesem Zusammenhang ist es für den Leser hilfreich, in einer stillen Stunde das Sämannsgleichnis persönlich nachzumeditieren (Mt 13,3-9.18-23; Mk 4,3-9.13-20; Lk 8,5-8.11-15).
Die in diesem Abschnitt vorgenommene Identifizierung von Wort und Jesuswirklichkeit soll von vornherein verhindern, unter „Wort" eine Anzahl von Buchstaben oder eine (leere) Lehre zu verstehen!
Um auf den Kern des Problems zu kommen, wollen wir die „Erlösung nach unserem Tode" ausklammern. Wenn das stimmt, daß das „Reich Gottes" bzw. die Befreiung des Menschen schon jetzt wirklich und maßgebend sind, dann ist die Frage nach dem „Nachher" überflüssig. Denn „Reich Gottes" besagt ja gerade Raum-Zeit-Enthobenheit. Wenn Reich Gottes in mein biologisch bedingtes Dasein hereinreicht, ist es deshalb nicht an das biologische Dasein gebunden!
Ein Erlösungsglaube, der nur auf einen Zustand „hernach" abzielt und für das Jetzt nur durch (in sich) zwar logische, im ganzen aber unbegründbare Gedankenzusammenhänge, und durch Willensanstrengung verwirklicht werden soll, ist eine Zumutung, genaugenommen eine „Doppelbindung", die eine „Sperrung" bewirken muß. Wenn ich nicht von meinem jetzigen Erfahrungsvermögen her einen Zugang zu Erlösung und Befreiung durch Jesus finde, bekomme ich gar keinen. Damit soll nicht gesagt sein, die Möglichkeit für eine Zugang zu Erlösung und Befreiung sei erzwingbar!
Halten wir noch einmal fest: Wenn der Mensch nicht mit neuen Fähigkeiten ausgestattet wird, muß der Zugang zur Erlösung auf seiner jetzigen Erlebnisbasis liegen.
Gerade „deshalb hat Gott die menschliche Natur angenommen und ist Mensch geworden"!
Wenn ein Mensch Jesus von vornherein als übernatürliches Wesen erachtet, dann ist der Betreffende bereits nicht mehr in der Lage, die „eigentliche" Bedeutung Jesu zu verstehen; das eigentlich Christliche geht verloren. Ein solcher Mensch kann durchaus fromm sein, aber er ist kein Christ im wahren Sinn. Vom Bewußtsein und der Praxis her sind wohl sehr viele, die sich Christen nennen, in Wirklichkeit „christliche Heiden", weil sie Jesus so verehren wie fromme Heiden ihre Götter.
Wenn wir nun vom Menschen aus fragen: Was brauche ich, damit ich tatsächlich leben kann und freier werde? – dann werde ich sagen müssen:

einen Menschen, der mich versteht und annimmt, der das ist, was ich mir unter einem idealen Menschen vorstelle.

Es gibt kein übernatürliches und natürliches Freiwerden, sondern nur ein menschliches Freiwerden. Dieses menschliche Freiwerden aber kann zum transzendierenden Erlebnis, zur Gotteserfahrung werden. Wenn wir bekennen: „Gott ist Mensch geworden", dann bedeutet das, daß der „Erlösungsprozeß" im Hier und Jetzt unseres Menschseins beginnt, aber nicht nur in der theologischen Spekulation („Forschung"), sonder in unserer einfachen menschlichen Erlebnisfähigkeit und Lebenswirklichkeit.

Wenn wir sagen: Jesus ist Mensch und Gott zugleich, dann bedeutet das, daß wir die Erlebnisse von Freiwerden und Glücklichsein als Gotteserfahrung deuten „dürfen". Dabei muß uns aber klar sein, daß mit Gott nicht irgendein Superwesen, sondern Jahwe, der „Mitgeher-Gott" gemeint ist.

Die Tatsache, daß diese ganz menschlich erfahrenen Befreiungserlebnisse im Zusammenhang der gesamten Jesuserfahrung als Befreiung durch den „großen Befreier" (Gott) verstanden werden dürfen, berechtigt uns auch dazu, alle Befreiungserlebnisse, die durch Angenommensein usw. (Interaktionen) entstehen, als Erfahrungen des „Befreier-Gottes" zu deuten. Diese Deutungsmöglichkeit besagt natürlich keine Deutungsnotwendigkeit.

Der theologische Satz: „Gott hat die menschliche Natur angenommen" besagt ja bereits, daß innerhalb der allgemeinen menschlichen Natur, d.h. bei allen Menschen das erfahren werden kann, was durch den Menschen Jesus beispielhaft erfahren wurde. Im befreienden Liebeserleben zwischen Menschen kann die Identifikation mit der Jesuserleben geschehen.

Jesus als Mensch

Die eben aufgerollten Probleme sind nicht neu! Für die meisten Christen ist Jesus das natürlich-übernatürliche Zwischenwesen – und das nicht erst in unserer Zeit. Dies ist mit ein Grund, warum alles so theoretisch bleibt im Christentum. Wenn wir das Menschsein Jesu durchrealisieren in unserem Leben, dann ergibt sich, daß das Christentum gar keine Religion mehr ist im Sinn der allermeisten Religionen der Menschheitsgeschichte, sondern einfach *„transzendierende" Befreiung durch Begegnung* und *Begegnung durch Befreiung*. Der Gipfel der Transzendenz ist eben *die* Liebe (Johannesevangelium).

Es war das Anliegen des Nestorius (Patriarch von Konstantinopel, †451), die Menschheit Christi zu „retten". Im Mißverständnis seines Anliegens und auf dem Hintergrund der damaligen Lehren und Irrlehren wurden seine Formulierungen falsch gedeutet und verurteilt. So wurde er verbannt und starb im Exil. Seine Anhänger machten aus seinem Anliegen die „nestorianische" Theologie, die gerade das brachte, was Nestorius von seinem Anliegen her nicht wollte: Christus, ein Doppelwesen, das uns letztlich nichts mehr angeht. Als Gottwesen ist er sowieso der Ganz-andere, den wir selbstverständlich verehren und anbeten. Einen Gott über die unendliche Distanz seiner Heiligkeit hinweg zu verehren, ist leichter, als einen Menschen anzunehmen, der einfach bei uns zur Tür hereingeht! – Als Mensch aber kommt uns Jesus nicht nahe genug, weil er ja „nie allein" ist und sein göttliches Wesen immer „dabei hat". Er wird in unserem Bewußtsein nie der Ganz-Unsrige!

Diese Trennungschristologie wurde freilich als Irrlehre verurteilt. Praktisch finden wir sie aber in unserem Bewußtsein vor und sogar in manchen Veröffentlichungen, in denen die Merkmale für die Gottheit und Merkmale für die Menschheit Jesu Christi in zwei Gruppen zusammengetragen werden.

Wenn wir trotzdem ein „Merkmal für die Gottheit Jesu" angeben sollten, müßten wir sagen: Menschen wurden durch die Begegnung mit Jesus frei, glücklich und mit dem Leben bzw. Tod fertig. Wenn uns jemand entgegenhält, das könne doch in jeder Begegnung geschehen, können wir nur sagen: Gott kann in jeder Begegnung vorkommen! Das Jesusgeschehen berechtigt uns zu dieser Aussage.

Das Qualifizierende und ohne besondere Erfahrung Feststellbare am Leben Jesu ist, daß es Sein für andere und freies Menschsein war und daß er dafür hingerichtet wurde.

Aus diesen Gedanken kann sich das verstärkte Bedürfnis ergeben, Jesus persönlich zu begegnen. Wo und wie kann dies geschehen, da doch sein Menschsein nicht mehr vorhanden ist? – Die Antwort wurde einschlußweise schon gegeben; hier sei sie noch einmal präziser formuliert:

Die Jesuswirklichkeit (Jesus) ist im Menschsein derer lebendig, in denen Jesus Gestalt angenommen hat, zunächst in seinen Jüngern, dann in der „Urkirche". Das Neue Testament müssen wir verstehen als das Zeugnis für das Jesusgeschehen, das *in* diesen Menschen vor sich gegangen ist. Wenn wir das Neue Testament lesen und meditieren auf die Frage hin: – Was sind das für Menschen, von denen dies geschrieben wurde? Was müssen sie erlebt haben? Was muß in ihnen vorgegangen sein? – dann werden wir der Jesuswirklichkeit zwar nicht physisch, aber doch wirklich menschlich begegnen können.

Im weiteren Verlauf der Kirchengeschichte ist es nicht mehr ganz einfach, Jesus zu entdecken, weil durch unsere menschliche Begrenztheit die Sicht oft ziemlich verstellt wurde. Man muß einfach durch alle theologischen und gesellschaftlich bedingten Vor-Wände hindurchstoßen auf die *Menschen,* in denen Jesus Gestalt angenommen hat.

Schließlich können wir in jedem freien, befreienden, liebenden Menschen der Jesuswirklichkeit konkret begegnen. Das Gesetz der Liebe lautet: Ein Mensch ist des anderen Erlöser, Retter, Befreier – im Gegensatz zu homo homini lupus! Wenn wir Jesus in der Theologie suchen, bleiben wir hängen. Es ist natürlich erlaubt und notwendig, über Gott und Jesus Christus auch im Sinn des wissenschaftlichen Forschens nachzudenken. Gelegentlich (aber nicht notwendig) kann auch hier Begegnung mit Jesus geschehen. Wenn aber unser Suchen nach Jesus und unser Reden von Jesus bei der Theologie ansetzt und nicht beim Menschen (menschliche Erfahrung), wird die Theologie zum Grab der Offenbarung.

Ähnlich ist es mit der Moral: Moralisches Wohlverhalten (Gesetzestreue) ist nicht die Weise, wie Jesus in den zwischenmenschlichen Einwirkungen erfahrbar wird. Liebe ist nicht Wohlverhalten (freilich auch nicht das Gegenteil!). Liebearme Menschen, die durch das Christentum überfordert sind, flüchten oft in moralische Wohlanständigkeit. Für den liebearmen Menschen kann Moral das Alibi sein; für den Liebenden kann Moral Ausdruck und Verwirklichung der Liebe sein; für den Liebearmen kann Moral die frömmste Form der Lieblosigkeit sein.

Wer die Jesuswirklichkeit im moralischen Verhalten der Christen sucht, wird nichts Besonderes finden können. Man bedenke auch das Pauluswort: „In der Schwachheit kommt die Kraft Gottes zur Vollendung", das zunächst nicht besagt, daß Gott die moralische Qualität des Menschen verändert, sondern daß der Mensch, so wie er nun einmal ist, „verinstrumentalisiert" wird – was sich natürlich auch auf das moralische Verhalten positiv auswirkt.

Sobald und sofern Theologen und Moraltheologen Menschen festlegen, indem sie das Risiko und die Selbstbestimmung im Glaubensvollzug (Begegnung) ausräumen wollen, entsteht Behinderung des Glaubens durch Zwang. Wenn der Zwang verstärkt wird (Drohung mit der Hölle, autoritäre Maßnahmen), bleibt den Betroffenen nur der Weg in die Angst oder in die Emigration. Ob unter solchen Umständen ein Mensch

das Christentum (Jesus) als Befreiung erleben kann, ist unwahrscheinlich, auf alle Fälle nicht mehr in „seiner" Kirche.
Die Tatsache, daß gerade so viele Christen unfrei und unglücklich sind und deshalb wenig „Stahlkraft" (Überzeugungskraft) haben, und die Tatsache, daß so viele durchaus Gutgesinnte emigrieren, läßt den Schluß zu: Entweder sind die meisten Christen christliche Heiden oder es gibt zuviel Theologie und Theorie und zuwenig Verkündigung. Wahrscheinlich ist beides Ursache der Unglaubwürdigkeit der Christenheit. Wie gesagt, Theologie als Ausgangspunkt der Verkündigung führt zu Doppelbindungen, die Sperrung bewirken; die gilt für die moderne Theologie genauso wie für die herkömmliche.
Manchmal hat man den Eindruck, daß Prediger ihre eigene Unfreiheit und Angst, für die sie wohl gar nicht im vollen Umfang verantwortlich sind, in Form von Theologie und Moral ihren Zuhörern auflasten. Gerade heute aber erwarten die Gläubigen mehr denn je Hilfen zur Befreiung, um die „Last der Freiheit" tragen zu können.

Jesus, der freie Mensch

Aufgrund allgemeiner Beobachtung zwischenmenschlicher Einwirkungen ist uns bereit klar geworden, daß die Freiheit eines Menschen auf andere befreiend wirkt, daß also auch nur ein in etwa befreiter Mensch befreiend wirken kann. Die folgenden Gedanken dürfen nicht mißverstanden werden als Beweisversuch in der Anordnung: Nur ein freier Mensch kann befreien, Jesus war ein freier Mensch, darum hat er befreit! Der Gedankengang verläuft eher umgekehrt: Aus der Tatsache, daß wir Befreiungsvorgänge durch Jesus beobachten, wird Jesus als Ideal eines freien und befreiend wirkenden Menschen hingestellt. An Jesus wird sichtbar, was echte menschliche Freiheit ist und bedeutet.
Wenn der Glaubende gefragt wird nach dem Urbild eines freien Menschen, kann er sagen: Jesus. Wenn wir die Jesusgestalt im einzelnen meditieren, wirkt diese Freiheit geradezu unheimlich, überfordernd. Wenn wir schuldhafte, risikoverweigernde Unfreiheit als das Wesen der Sünde erkennen und uns dabei an das paulinische Christusverständnis erinnern: „Christus ist in allem uns Menschen gleich geworden, außer der Sünde" (vgl. Phil 2,7; Hebr 4,15) –, wird klar, daß wir Jesus als den ganz freien Menschen zu verstehen haben. In ihm ist die Zielvorstellung menschlicher Freiheit verwirklicht.

Der Menschensohn ist Herr über den Sabbat (Mt 12,8; Mk 2,28 Lk 6,5)

Um die Tragweite des Vorgehens Jesu gegen das Sabbatgebot zu verstehen, muß man sich vergegenwärtigen, daß das Sabbatgebot einfach gleichzusetzen ist mit Gottesgebot; das Sabbatgebot galt als Prüfstein für die Jahwezugehörigkeit. Jesus stellt nun die Liebe über den Sabbat. Ja, er stellt sich selbst und den Menschen über den Sabbat. „Der Sabbat ist um des Menschen willen da und nicht der Mensch um des Sabbats willen."

Von einem späteren Standpunkt aus wurde die Stelle „Jesus: Herr über den Sabbat" als Zeichen der Vollmacht Jesu und seiner Sendung gedeutet, in neuerer Zeit sogar direkt als Gottesbeweis verstanden: Sabbat = Gottesgesetz; wer dieses Gesetz ändert bzw. relativiert, muß Gott sein. Beides sind theologische Deutungen, die das Jesusgeschehen einordnen in theologische Systematik, und dies, nachdem das ganze Jesusgeschehen offenbar geworden ist. – Musterbeispiele dafür, wie Theologie zum Grab der Offenbarung werden kann.

Unter Offenbarung verstehen wir das Offenbarwerden der Gotteswirklichkeit in der menschlichen Gotteserfahrung. Machen wir uns einmal frei von systematischem Absichtsdenken und versuchen wir zu beobachten, was wohl in dieser Sabbatbegebenheit an menschlichen Erfahrungen enthalten ist. Dabei ist es gleichgültig, ob wir annehmen, daß es sich genau so zugetragen hat, wie es die Bibel schildert, oder daß ein Verfasser des Evangeliums in diese Erzählung seine Absicht, Jesu zu deuten, miteingebracht hat.

So oder so verstanden besagt diese Schriftstelle dasselbe: Jesus war für sein Publikum einfach ein Mensch (Rabbi), freilich ein auffallender und besonderer Mensch, der durch sein freies Auftreten, das gerade in Vorfällen wie dem Sabbatstreit zum Ausdruck kam, Aufsehen erregte.

Diese Bibelstelle – gleichgültig in welcher Absicht sie verfaßt wurde – zeigt uns, wie das Publikum einen Menschen (Jesus) erlebte, der so frei war, daß er sogar das Gesetz Gottes „eigenmächtig" relativierte, d.h. es auf den Menschen und auf die Liebe bezog, indem er klar machte, daß die Liebe und das Wohlergehen des Menschen mehr verpflichten als der Buchstabe des Gesetzes.

Es gilt für jeden freien Menschen, daß die Liebe dem Gesetz vor-geht. Damit wird das Gesetz (Gebote) natürlich nicht abgeschafft, wie manche unfreie Menschen von damals und heute meinen – unfrei deshalb, weil sie sich dem Gesetz mehr verpflichtet wissen, als der Freiheit und der Liebe. Durch den „Primat der Liebe" wird vielmehr die Überbrükkungsfunktion des Gesetzes deutlich als eine Hilfe und Notwendigkeit für Menschen, die eben (noch) ungenügend befreit oder reif sind und zu wenig Liebe haben.

Die Tatsache, daß diese Sabbatbegebenheit sofort theologisch verstanden wird unter Vermeidung des menschlichen „Erfahrungsintervalls", auf das eigentliche in der Verkündigung alles ankommt, ist ebenfalls Symptom der Unfreiheit und eines schwachen Glaubens.

Versuchungserzählungen

Wir alle kennen die Darstellungen der „Versuchung Jesu", die bei den Synoptikern als Prolog zur „Öffentlichkeitsarbeit" Jesu nachzulesen sind. Vom Standpunkt des Ungläubigen und Unfreien aus gesehen wäre es für uns und für Jesus einfacher, sicherer und leichter gewesen, wäre er auf die Versuchung eingegangen oder wäre er wenigstens später vom Kreuz herabgestiegen.

Uns wäre es „erspart" geblieben, frei zu werden und Jesus als Menschen in freier Liebe anzunehmen. Jesus wäre es erspart geblieben, sich als freier Mensch exponieren zu müssen. Die Mühsale, die eine „transzendierende menschliche Jesuserfahrung" erfordert, hätten wir nicht auf uns zu nehmen brauchen. Jesus wäre für uns nicht Christus (= der Mensch, auf den alles ankommt in unserer Heillosigkeit), sondern nur ein Gott, so wie andere Menschengruppen andere Götter haben. Genau diese Thematik und Problematik rollt Dostojewski auf in seinem „Großinquisitor": „Hättest du Krone und Schwert genommen, so hätten sich dir alle freudig unterworfen. In einer einzigen Hand wäre die Herrschaft über die Leiber und über die Seelen vereint, und das Reich des ewigen Friedens wäre angebrochen. Du hast es versäumt..."

Hätte Jesus nach Macht, Sensation und Lebensstandard gegriffen – man hätte ihm ein anderes Denkmal gesetzt als das Kreuz!

Die Versuchung Jesu zeigt, was immer und für alle *die* Versuchung ist: kein freier (liebender) Mensch zu sein. Versuchung ist Angst vor der Freiheit.

Das Schicksal Jesu – Schicksal des freien Menschen

Zwei Schwerpunkte sollen in folgenden Gedanken Ausdruck finden: Jesus (der freie Mensch) ist keiner Gruppe zuzuordnen. Ferner: Hosianna – ans Kreuz mit ihm; der freie Mensch ist die Sehnsucht des Menschen, er wird begeistert begrüßt, und gleichzeitig wird menschliche Freiheit immer verfolgte Freiheit bleiben.

Bei manchen Gruppierungserscheinungen in der heutigen Kirche hat man den Eindruck, daß sie zumindest auch und sehr stark das Ergebnis menschlicher Unfreiheit sind, demnach Ventilfunktion für Aggressionen haben. Ein Symptom also für Überforderung. Damit soll natürlich die positive Notwendigkeit von Gruppierungen zur Verwirklichung des Glaubens und zur Durchführung notwendiger Reformen in keiner Weise bezweifelt werden.
Gemeint ist hier vor allem die Aufspaltung in Lager: „Konservative" – „Fortschrittliche". Wenn man die Unsachlichkeiten, ja Gehässigkeiten beobachtet, die manche Gruppen oder Gruppenmitglieder an den Tag legen, hat man allerdings manchmal den Eindruck, daß „konservative Gehässigkeit" in der Regel noch häßlicher ist als „fortschrittliche Gehässigkeit". Bei derartigen Äußerungen, die bisweilen in parolenhafte, human klingende Formeln gefaßt sind, gewinnt man die Überzeugung, daß es sich bei ihren Verfassern weniger um Christen handelt als um sehr befreiungsbedürftige, überforderte Menschen. Die betreffenden Leute haben gewiß „gute" christliche und menschliche Ideen, Ideologien und Programme, aber sie kennen den Menschen und den Christen selbst kaum. Das Programm Jesu war Programmlosigkeit: Seine Freiheit sollte alle Menschen zu der Freiheit führen, zu der sie fähig sind.
Die Tatsache schließlich, daß menschliche Freiheit immer auch verfolgte Freiheit ist, sei der eigenen Meditation des Lesers anheimgestellt: das Schicksal Jesu, sein Tod als Konsequenz seiner Freiheit! Darum frei machender Tod! – Das Schicksal der Jünger, der wahren Christen (= Heiligen) – Das Schicksal der Freien (= „echten" Christen) heute, in verschiedenen gesellschaftlichen Systemen und Situationen, – nicht zuletzt auch in theologischen Auseinandersetzungen.

Jesus, der befreiende Mensch

Über die Wirkkraft des freien Menschen wurde bereits genügend gesagt. Die folgenden Gedanken wollen nur zur Meditation anregen und darauf aufmerksam machen, daß im Neuen Testament gerade auch das Freiwerden von Menschen durch Jesus sichtbar wird.

1. Jesus und die Sünder. Jesus nimmt an; er verurteilt nicht. In diesem Angenommensein werden die Menschen frei, einsichtig; sie bekehren sich, sie *können* sich bekehren. Bekehrung geschieht nicht unter dem

Druck der Argumente und Bedrohung, sondern im freien Raum der Selbstbestimmung, der durch das Angenommensein entsteht.

2. „Kommt auch ihr in meinen Weinberg!" Bei Jesus ist für jeden Platz, der nicht schon hoffnungslos festgelegt („gedungen") ist. Bei ihm kann jeder frei werden (erhält einen Denar). Es ist nicht nur legitim, sondern sogar notwendig, das Gleichnis von den Arbeitern im Weinberg auch unter dem Aspekt der „angenommenen" Arbeiter zu meditieren, von denen einer überfordert war; sein Auge war „neidisch".

3. „Es ging eine Kraft von ihm aus und heilte alle." Es wäre einseitig und „unfrei", wollte man die Wunder-Erzählungen nur im unmittelbaren biologisch-medizinischen Sinn verstehen oder auch nur im theologischen Sinn, als Erfüllungserzählungen, die künden, daß mit Jesus die erwartete messianische Heilszeit angebrochen ist. Das erstere Verständnis richtet sich nur auf äußere Probleme, das letztere auf theologische; der primäre menschliche Erfahrungshorizont der Einwirkung Jesu kommt in beiden Verständnissen nicht oder nur ungenügend zum Vorschein.
Als Vorübung müßten wir einmal darüber nachdenken, was in unserem Leben durch das „Eintreten" eines liebenden, befreienden Menschen geschehen ist. Was kann durch einen Krankenbesuch „Segen" gestiftet werden! Wie kann ein Mensch durch sein liebendes, befreiendes Sein den anderen aus der Verzweiflung reißen! Worin besteht die Heilkraft eines wirklichen Arztes, der nicht nur Biologe und Chemiker ist? (Heute kann niemand mehr leugnen, daß sich seelische Gesundheit oder Krankheit körperlich auswirken: psychosomatische Medizin.)
Damit sollen die Wunder Jesu natürlich nicht in psychologische Heilungen „aufgelöst" werden. Aber es soll vor allem gesehen werden, daß die „Geheilten" in der Bibel Menschen sind, die sich der Einwirkung Jesu ausgesetzt haben und befreit wurden, „mit welchen Übeln sie auch immer behaftet waren". Befreit werden heißt aber fertig werden mit Krankheit, Unwissenheit, Übel, Tod.
Diesen menschlich-meditativen Verstehungshorizont der Bibel haben wir leider weithin eingebüßt, wohl zusammen mit dem Verlust unserer Innenwelt. Bei den Kirchenvätern und Mystikern finden wir noch diese Fähigkeit, die häufig mit „allegorischer Schrifterklärung" bezeichnet wird. Dort wird z.B. Blindheit als Blindheit des Herzens verstanden, die durch das Jesuserleben in innere Sehkraft, in Verstehen und Einsehen gewandelt wird. Dort kommt noch zum Ausdruck: Wer Jesus begegnet ist, wird den Tod nicht schauen.

4. *„Er ißt mit den Sündern."* Jesus geht überall hin, wo man ihn braucht, wo er eingeladen wird! Er hat kein „Standesbewußtsein". Sein Annehmen der Menschen besteht nicht nur im Nicht-Verurteilen und Belehren; er teilt sein Leben mit allen, die ihn wollen.
Jesus ist so frei, daß er „es sich leisten kann", sich mit den Verachteten zu solidarisieren und dadurch zum gesellschaftlichen Außenseiter zu werden.

Niemand wird nur für sich selber frei

In der Botschaft der Evangelien bildet die Bergpredigt (Mt 5,1- 7,29; Lk 6,20-49) den Mittelpunkt der Verkündigung Jesu. Wir kennen sie auch unter der Bezeichnung Seligpreisungen („Selig, die..."). Durch die Behinderungen, die durch manche festgefahrenen Vorstellungen und durch die Unfähigkeit für ein unmittelbares Verständnis gegeben sind, verstehen wir die Bergpredigt häufig immer noch als Verheißung, die erst im „künftigen Reich Gottes", also nach unserem Tod, in Erfüllung gehen wird. Dieses einseitige Verständnis kann leicht zum „Gute-Werke-Hamstern" für das Jenseits verleiten, so daß wir unseren Auftrag für das Diesseits verpassen!
Das Reich Gottes ist jetzt schon da als erfahrbare Wirklichkeit in den Herzen der Gläubigen: Jetzt schon werden die Menschen erfüllt mit dem Glück, dem Frieden und der Liebe des Gottesreiches, wenn sie absichtslose, friedfertige Bereitschaft, Offenheit und Demut besitzen; die Menschen werden durch Jesus jetzt schon befreit, wenn sie zur Begegnung bereit sind.
Wodurch wird aber diese befreiende Begegnung ausgelöst? Welcher Art wird diese Begegnung sein? – Diese Begegnung mit Jesus und dem Gottesreich geschieht in erster Linie durch die Begegnung der Christen untereinander. Wenn Jesus in mir Gestalt gewinnt, wird er lebendig für alle. „Christus (Gott) hat keine anderen Hände als die deinen", er hat kein anderes Herz als das deine, er hat keine andere Freiheit als die deine!
So verstanden ist die Bergpredigt nicht nur Verheißung für jetzt und immer, sondern auch Auftrag für jetzt und immer: frei zu werden, damit sich durch die Befreiten Befreiung fortpflanzt bei den Menschen.

Christentum ist „transzendierende Befreiung", ein Befreiungserleben, das über die Grenzen unserer Unfreiheit hinausträgt, ohne diese Gren-

zen und Grenzerfahrungen aufzuheben. So paradox es klingt: Wir leiden dauernd an unseren Unfreiheiten, und dennoch ist es möglich, daß wir gleichzeitig frei und glücklich werden.
Gewiß gibt es nur wenige Menschen, die so befreit und glücklich sind, daß sie dieses Glück immer und für alle befreiend ausstrahlen.
Einen Menschen gab es, der frei war für alle: Jesus.
Nicht zuletzt liegt es an der vernachlässigten Innenwelt, daß wir nicht frei werden, daß wir nicht zu „durchschlagenden" Freiheitserlebnissen gelangen. Ein durchschlagendes Erlebnis, das wir zeitlich und räumlich vielleicht gar nicht bestimmen können, würde womöglich schon genügen, um uns zu befreien, so wie eine Operation u. U. genügt, um von einem Übel für immer befreit zu werden. Die Begegnung mit einem Menschen kann der befreiende Augenblick unseres Lebens sein, in dem der „große Befreier" in unser Leben tritt.
Der Augenblick der Befreiung löst alle Fesseln auf.

Er-Lösung

Wirklichkeiten und Wahrheiten, die mein Leben bestimmen und tragen sollen, müssen so einfach sein, daß ich sie immer in mir gegenwärtig haben kann. Nur so kann ich von ihnen leben. Die Wirklichkeiten der Liebe sind von dieser Einfachheit, die in allerletzten Tiefen gründet. Die Wirklichkeit der Erlösung müßte uns als Erfahrung der Liebe bewußt werden, damit sie unser Leben ganz praktisch tragen und bestimmen kann.
Es ist tragisch, daß sich bei sehr vielen Christen ein so oberflächliches Bewußtsein von Erlösung gebildet hat, daß es sich im Leben nur schwach auswirkt. Mit schuld daran ist auch eine häufig sehr oberflächliche und theoretische Vermittlung der Erlösungswirklichkeit. Wenn wir uns auf unser wichtigstes, einfachstes und häufigstes Symbol unserer Erlösung besinnen, auf das Kreuz mit dem Gekreuzigten – und zwar ohne Rationalisierungen! –, könnte unser Leben von der Erlösungswirklichkeit spürbar ergriffen werden.

Unsere Angst aufgrund eines falschen Gottesbildes

Anselm von Canterbury (1033-1109) hat es versucht, Erlösung (und überhaupt die Glaubensinhalte) aus einer unmittelbaren Einsicht und einem inneren Verständnis der Wirklichkeit heraus zu entwickeln, ohne bei der bloßen Wiedergabe biblischer Inhalte und der Berufung auf kirchliche Autorität stehen zu bleiben. Unser Glaube als Glaube für jeden Menschen auf dem Grund seiner eigenen Lebenserfahrung! Hier trifft Anselm in seinem Betreben genau das Erfordernis heutiger Verkündigung, die praktisch kaum mehr auf die Kräfte der Tradierung zurückgreifen kann.
Warum ist Gott Mensch geworden: Cur deus homo? – So fragt Anselm. Weil er uns erlösen wollte, heißt die Antwort, die auch heute noch gilt. Aber wie hat er uns erlöst? Kann man das Wie so zeigen, daß es das Leben ergreift? Anselm stand nur ein gesellschaftlich-juristischer Erfahrungshorizont zur Verfügung, der lediglich eine höchst unzulängliche Antwort auf die Frage zuließ, eine Antwort, die die Menschen unserer Zeit eher abstößt. Heute ist es aber mögllch, auch mit Hilfe der Tiefenpsychologie deutlicher zu zeigen, was Erlösung ist, und zugleich auch gangbare Wege zu einer praktischen Erlösungserfahrung (vor allem

durch das symbolhafte Verständnis alles Vorhandenen) zu erschließen. (Einen bedeutenden Durchbruch in dieser Richtung stellt das Gesamtwerk von Eugen Drewermann, Paderborn, dar, dem diese einleitenden Überlegungen einiges verdanken.)
Vereinfacht dargestellt, argumentiert Anselm so: Der Mensch hat gesündigt. Und weil er *Gott* beleidigt hat, ist diese Beleidigung eine unendliche. Aus praktischer gesellschaftlicher Erfahrung heraus und aus unmittelbarer Einsicht verlangt jede Schuld eine Sühne im Sinne einer „Wiedergutmachung" („Recht-Fertigung"!).
Die Sühne muß so groß sein wie die Schuld, damit ein echter Ausgleich, eine volle Tilgung erfolgt. Der Mensch kann folglich seine „unendliche" Schuld als endliches Wesen nicht selbst sühnen. Er bliebe also ewig in Schuld, d.h. „verdammt", wenn nicht ein anderer diese Sühnung stellvertretend für ihn besorgte, und zwar jemand, der eine unendliche Sühneleistung erbringen kann und erbringt. Die Höchstleistung – auch das ist unmittelbar einsichtig – ist die freiwillige Hingabe des Lebens.
Die Gnadentat Gottes (das „Erlösungswerk") besteht nun darin, daß er selbst in seinem Sohn Mensch wird, um sich stellvertretend für die Menschen dem himmlischen Vater zu opfern. Der Tod Jesu hat unendlichen Sühnewert, weil es letztlich die Selbsthingabe des Sohnes Gottes ist. Anselm erreicht sein Ziel, indem er hauptsächlich auf einen Satz im Brief an die Kolosser (2,14) verweist: „Er (Christus) hat den Schuldschein, der gegen uns sprach, durchgestrichen und seine Forderungen, die uns anklagten, aufgehoben. Er hat ihn dadurch getilgt, daß er ihn an das Kreuz geheftet hat." So kann er zeigen: Wir sind frei, wir sind erlöst aus Gnade.
Die Argumentation Anselms ist heute praktisch nicht mehr gangbar. Das ergibt sich vor allem angesichts der tieferen Kenntnis der Bibel und der Erkenntnis der anthropologischen Wissenschaften. Seelsorge, Glaubensverkündigung und Glaubensvollzug sind heute nur möglich im Schnittpunkt eines gläubigen *und* anthropologisch vertretbaren Menschenbildes. Eine Erlösungslehre, die nicht verknüpft ist mit dem Bewußtsein von Befreiung und die die unheimlichen, aufs Böse gerichteten Kräfte im Menschen (Habgier, Haß, Ichsucht = Erbschuld) nicht in kreative Kräfte der Liebe verwandelt, kann nicht mehr greifen.
Das anselmianische Modell leidet vor allem darunter, daß menschliche Erfahrungen, die die Wirklichkeit der Sünde wesentlich mitenthalten, auf Gott projiziert werden. In unserem sündigen Dasein versuchen wir, durch *irdische „Gerechtigkeit"* unser Leben lebbar zu machen, indem wir

ein Gleichgewicht zwischen den zerstörerischen Kräften herstellen: Gleichgewicht der Angst vor Rache; in einer höheren Kulturstufe tritt an die Stelle der Rache das Gericht: Gleichgewicht der Angst vor Strafe, Gleichgewicht zwischen Schuld und Sühne (Sühne als Ersatzleistung verstanden). So ist ein gewisser Ausgleich der Süchte der einzelnen Menschen möglich: Ichsucht, Habsucht (Eifersucht, Genußsucht), Rachsucht, Vergeltungssucht. Die Übertragung dieser Gleichgewichtsforderung auf Gott legt sich nun zwar verführerisch nahe, sie macht aber Gott zum sündigen Wesen, weil hier Prinzipien, die die Sünde wesentlich mitenthalten, wie Angst, Vergeltung, Rache, Sühne (als Ausgleichsleistung), in Gott hineingetragen werden.

Das Erbarmen (= bedingungsloses Annehmen) als der eigentliche göttliche „Wert", als *die* erlösende Kraft, ist in dieser Denkweise nicht unterzubringen. Das anselmianische Denkmodell hat in der (freilich oft vergröbernden und das Grundanliegen des Autors verkennenden) Praxis zu einem entwürdigenden Gottesbild geführt, das zum biblischen im Widerspruch steht.

Es ist aber leider auch heute noch das gängige Gottesbild sehr vieler Christen. Gewiß wollte Anselm Erlösungsbewußtsein vermitteln, aber tatsächlich wurde dadurch die Angst vor einem unheimlichen, im irdischen Sinn rächenden Gott verstärkt.

Hinzu kommt eine weitere tragische Entwicklung: die Bindung der Erlösung an die Moral. Wir sind zwar erlöst („unser Schuldschein ist ans Kreuz geheftet"), aber auf Erlösung dürfen doch nur die Braven hoffen, die sich die Erlösung durch moralische Leistung verdienen. So fällt die Erlösungsgewißheit doch wieder auf den Menschen und sein einwandfreies Handeln zurück (auch wenn sich die theologische Lehre bemüht, die Gnadenhaftigkeit des Heils gegen alles pelagianische Anspruchs- und Leistungsdenken zu verteidigen).

Durch dieses praktisch doch Angst erzeugende Gottesbild können sensible Menschen in Verdammungs- und Sündenängste getrieben werden, die bis zum Selbstmord führen, während robuste Naturen die Unlebbarkeit dieses Gottesbildes spüren und sich von ihm abwenden bzw. ein eigenes Gottesbild erstellen.

Das anselmianische Denken führt (aus den genannten Gründen) eher zu Glaubensschwierigkeiten als zum Glauben selbst, denn:

– Was ist das für ein Gott, der „beleidigt" sein kann und der Wesen schafft, die ihn „beleidigen" können?

– Was ist das für ein „allweiser" und „allwissender" Gott, der Wesen schafft, die so sündigen werden, daß er sie verdammen *muß?*
– Was ist das für ein (aggressiver) Gott, der so beleidigt ist, daß er nur durch die blutige Hinrichtung seines menschgewordenen Sohnes versöhnt werden kann? Auch wenn er darin selbst dieses Opfer auf sich genommen hat: Konnte er – als allmächtiger Schöpfer - sich und uns dieses grausame Spiel nicht ersparen?

Wie gesagt, diese und ähnliche Fragwürdigkeiten entstehen durch die Projektion unserer Begriffe auf Gott, in denen unsere Sündhaftigkeit bereits mit enthalten ist. Gott ist nicht gerecht und nicht gnädig, so wie wir Menschen gerecht und gnädig sind! Gewiß weist das scholastische Denken auf die Unzulänglichkeit und Analogie unserer Begriffe von Gott hin, aber praktisch kommt das nicht zum Tragen. Und es bleibt auch fragwürdig, ob unser sündiger Begriff von Gerechtigkeit überhaupt – auch als analogischer Begriff – geeignet ist, Gottes Erbarmen und Gnade zutreffend auszudrücken.

Die Überwindung der Angst durch biblisch-psychologisches Denken

Das biblische Denken, das sehr tief der menschlichen Psyche entspricht, zeigt den Vorgang, die Wirkung und Auswirkung der Erlösung ganz anders. Es ist ein praktisches, meditierendes „Vollzugsdenken", in dem Wahrheiten und Wirklichkeiten mehr „aufgehen", als daß sie „erschlossen" werden. Die Wahrheiten und Geheimnisse Gottes werden nicht vom Menschen erschlossen, sie entfalten sich selbst, wenn man mit ihnen und in ihnen lebt.

Voraussetzung für dieses „Aufgehen" ist das Bemühen des Menschen um eine lebendige Christusbeziehung. Christusbeziehung ist mehr und etwas ganz anderes als Moral. Moral, Gebote und Gebote-Halten sind wichtig und unerläßlich für das menschliche Leben und Zusammenleben. Moral als solche führt aber noch nicht zur Erlösung; sie kommt über den Pharisäismus nicht hinaus. Moral wird für ein befreites Leben erst hilfreich, wenn sie relativiert wird auf Liebe und Erbarmen hin. Liebe und Erbarmen (die Kraft zur Versöhnung bis hin zur Feindesliebe) kommen nur durch die lebendige Christusbeziehung in mein Leben, vorausgesetzt, die Christusbeziehung wird nicht wieder eingeebnet und zerstört durch ein System von Geboten. „Zur Freiheit hat uns Christus befreit. Bleibt daher fest und laßt euch nicht von neuem das Joch der Knechtschaft auflegen" (Gal 5,1)!

„Der Menschensohn wird den Menschen ausgeliefert, und sie werden ihn töten" (Mk 9,31).

Dreimal will Jesus die Jünger über sein bevorstehendes Leiden belehren (Mk 8,31; 9,31; 10,33), „aber sie verstanden den Sinn seiner Worte nicht" (Mk 9,32). Wir können heute das ganze Leben, Lieben, Leiden, Sterben und Auferstehen Jesu betrachten und meditieren; wir kennen das Alte Testament, die Propheten (besonders auch Jes 52,13-53,12: das vierte Lied vom Gottesknecht), so daß *uns* der Sinn dieser Worte in der Verbindung mit unserem Menschsein und unserem Leben nach und nach aufgehen könnte: Erlösung als Erlösung *für alle* Menschen; Verwandlung von Habsucht und Haß in Teilen und Lieben.
Im einzelnen erscheinen viele Glaubensinhalte in ganz neuem Licht:

„Ursünde" und „Erbschuld"

meinen die Tragik unseres Menschseins. Der Mensch verdrängt Gott als „In-Halt" und „Mitte" seines Lebens und macht sich selbst zum Inhalt, zur Mitte, zum Gott seiner selbst. Der Mensch „verliert" Gott und verliert damit sich selbst. Er wird geboren als ein Wesen, dem die Liebe (Gott) fehlt; er muß Liebe erst durch Liebe erfahren und lernen; er muß durch Liebe liebend werden. In der Taufe wird er zeichenhaft „eingetaucht" in Gott: Gott ist da für ihn wie Wasser und im Wasser; er muß Gott nur annehmen, ihm den Platz in seiner Mitte wieder geben, dann wird Gott ihn verwandeln und erlösen (Entwicklungsprozess) zu einem liebenden Wesen, das sogar Feinde lieben und danach „entfeinden" kann.

Die Folgen der Ursünde und die „Strafe" Gottes

bestehen darin, daß der Mensch so ist, wie er – ohne Gott als seine Mitte und sein Inhalt – ist. Gott rächt sich nicht am Menschen, indem er ihm nach Art verletzter Menschen etwas antut; Gott läßt den Menschen, der Gott los sein will, nur gott-los sein; jedoch nicht in dem Sinn, daß er ihm jetzt als Beleidigter seine Liebe entzieht. Gott vermindert gegenüber dem Sünder seine Liebe nicht im geringsten, aber er respektiert seine Freiheit und kommt dem Sünder nun in seiner eigenen (menschlichen)

Gestalt entgegen, also als einer, der sich vom „geliebten Sünder" auch hassen, ja töten läßt.
Die „Strafe" für die Sünde besteht paradoxerweise darin, daß sich jetzt der Mensch als Sünder lieben lassen „muß"!

Die praktische Wirklichkeit der Erbschuld

besteht beim Menschen darin, daß die wesentlichen Lebenskräfte nicht mehr begrenzt (geordnet) sind wie beim Tier. Das Tier lebt in der vorgegebenen Ordnung von Trieb und Triebhemmung. Beim Menschen als einem freien, bewußt und personal handelnden Wesen sollten alle Kräfte eingebunden und „geregelt" sein durch die Liebe in der Gottesbeziehung. Aber gerade diese fehlt durch die Sünde. In seiner Sehnsucht und in seinem Verlangen spürt der Mensch seine Verwiesenheit auf das Unendliche, was der Glaubende als Sehnsucht nach Gott deutet.
Auch der „Gott-lose" spürt diese Verwiesenheit auf das Absolute (letzte Verbindlichkeit, Sicherheit, Lebenssinn), aber anstelle Gottes „vergottet" er etwas Geschaffenes: sich selber, einen Menschen, seine eigene Vernunft, Reichtum und Besitz, Lust, eine Ideologie usw., und sei es auch nur das Ideal einer sich selbst genügenden und mit sich selbst zufriedenen Bescheidenheit. Das mag zwar (scheinbar) eine Weile gut gehen; aber in Krisensituationen, d.h. in der Erfahrung der Grenze des Geschaffenen, wird das Fehlen der durchtragenden Kraft der Liebe offenbar. Da wird dann der Drang nach dem Unendlichen schnell zur maßlosen Gier, die in die Sucht zur Selbstvernichtung führt. (Aber auch den Süchtigen liebt Gott!)
Im Prinzip kann man diese enthemmten, ungeordneten und ungebundenen („ungefaßten") Kräfte zeigen in den Phänomenen von Haß und Habsucht. Die Tiefenpsychologie kann durch die Analyse von Aggression und Kannibalismus bis ins Detail zeigen und nachweisen, was die Tragik der Erbschuld für den Menschen bedeutet. Und jeder Mensch, der es wagt, sich selbst zu beobachten in seiner Wut, in seinem Haben-*Müssen,* Hassen-*Müssen,* in seiner Eifersucht, in seiner Lust an Gewalt und Grausamkeit, in seiner Genußsucht und Bequemlichkeit, kann erkennen, was „Erbschuld" praktisch ist. Es gehört zum Phänomen von Haß und Habsucht, daß ich hassen und haben *muß!* (Vgl. die Redensart: „Ich muß mich schon wieder ärgern!")
Dieses Müssen geht bis zum Töten-Müssen (Mord, Selbstmord). Es gelingt dem Menschen nicht, aus eigener Kraft dieses „Böse-sein-Müs-

sen" umzustimmen oder gar in ein „Gut-Sein" zu verwandeln. Er kann dieses Müssen bis zu einem gewissen Grad regeln in gesellschaftlichen Normen, so daß das menschliche Zusammenleben trotz Kriegen und Verbrechen einigermaßen gelingt. Er kann dieses Müssen verdrängen und vielleicht auch für den Einzelfall ableiten (Beispiele aus der Gestalttherapie, z.B. symbolisches Töten einer Person), aber durch Regelung, Verdrängung oder Ableitung ist das Phänomen noch nicht beseitigt. Ich bin immer noch der alte („sündige Adam"); ich habe mich noch nicht grundlegend verändert.

Es ist zu beobachten, daß Haß und Habsucht beim Menschen immer aufs Ganze gehen; ich kann erst ablassen und nachlassen, wenn ich *alles* habe, wenn ich den anderen tödlich getroffen habe. Bei den archaischen Formen von Haß und Habsucht fließt Blut; der Mensch will („muß") Blut sehen. Bei den verfeinerten Formen seelischer Grausamkeit werden Menschen fertiggemacht, ohne daß dabei unbedingt Blut fließen muß. „Kalte" Kriege sind freilich besser als „heiße"; aber sie sind eben doch Krieg und nicht Frieden.

Die Erlösung

besteht zunächst in der Befreiung von diesem Müssen. In meinem unerlösten Zustand kann ich mit meiner Habgier nur leben, wenn ich sie befriedigen kann, indem ich sie irgendwie „herauslasse". Ich muß „Dampf ablassen, sonst zerreißt es mich".

Die Erlösung besteht nun darin, daß Gott Mensch wird, um sich als Mensch, d.h. ganz praktisch, dem hassen und haben müssenden Menschen auszusetzen und auszuliefern. Gott bietet sich in Jesus dar als Opfer (als Objekt) für unseren Haß und unsere Habsucht. Wir „dürfen" ihn töten und essen (vgl. Eucharistie: sein Fleisch und Blut „ein-nehmen"). Gott will in Jesus dem Menschen einfach nahe sein (vgl. Jesus-Erzählungen der Evangelien), und er bleibt nahe, auch wenn die äußersten Kräfte der Sünde hervorbrechen (Haß und Habgier). Er nimmt unseren Haß (= unsere Schuld, d.h. unsere Erbschuld und alle persönliche Schuld, die sich daraus ergibt) buchstäblich auf sich, indem er sich von uns „haben" („gefangen nehmen") und töten läßt.

„Der Herr lud auf ihn die Schuld von uns allen. Er wurde mißhandelt und niedergedrückt, aber er tat seinen Mund nicht auf. Wie ein Lamm, das man zum Schlachten führt" ... „Durch seine Wunden sind wir geheilt" (Jes 53).

Wenn ich das Jesusgeschehen mit Glaubensbereitschaft beobachte und meditiere, dann kann mich die Erlösung, d.h. das Erbarmen Gottes ergreifen und verändern. Mir geht auf: Im Jesusgeschehen läßt mich Gott erleben, daß er mich bedingungslos (ohne Vorleistung!) und grenzenlos liebt. Er gibt sich mir und meiner Bosheit ganz hin; ich brauche ihn nur zu nehmen; ich „darf" ihn töten. Dieses Töten-Dürfen ist natürlich nicht oberflächlich moralisch zu verstehen, sondern existentiell. D.h., Gott „beweist" mir, indem er sich vom Menschenhaß töten läßt, daß er mich bedingungslos annimmt, und zwar so, wie ich bin; daß er mir seine Liebe nicht entzieht, selbst wenn ich ihn töte. Paulus weist auf diesen Zusammenhang hin: „Gott aber hat seine Liebe zu uns darin erwiesen, daß Christus für uns gestorben ist, als wir noch Sünder waren" (Röm 5,8; beachte dazu den Zusammenhang Röm 5, 6-11).
Wenn ich diese Liebe, dieses unbegrenzte Dürfen, im Glauben annehme, wird mein Müssen aufgehoben. Ich *muß* nicht mehr hassen und haben, weil ich bei Gott alles *darf*. Zur Verdeutlichung: Ich mag in äußerstem Haß entbrannt sein, im Blick auf den Gekreuzigten sehe ich, er läßt sich das gefallen, seine Liebe hört nicht auf; „ich darf machen, was ich will", seine Liebe läßt mich nicht fallen. In diesem Augenblick geschieht eine Wandlung in mir: Mein Ich, das vernichten will, ist schon angenommen, ist schon geliebt, so muß ich mich nicht erst selbst durch Vernichtung der anderen behaupten und meine Existenz sichern. Und wenn ich nicht mehr hassen *muß*, dann bin ich frei, „erlöst", und *kann* wieder lieben.
Tod und Auferstehung Jesu zeigen mir ferner, daß ich zwar töten kann, doch das eigentliche („ewige") Leben, die Liebe, kann ich nie vernichten. Gerade wenn ich hasse und töte, erweist sich die Kraft der Liebe als immer stärker und unbesiegbar. Es klingt ungewohnt, wenn man sagt: Bei Gott darf ich Böses tun. Aber im Annehmen dieses Dürfens tritt eben das unerhörte, alle menschlichen Vorstellungen übertreffende Erbarmen Gottes in mein Leben ein und verändert es. Das einzige Mittel gegen die Bosheit ist die praktische Erfahrung der Liebe. Diese Liebe hat der Mensch von sich aus nicht; es muß sie sich schenken lassen. In der Annahme des Todes Jesu kann der Mensch diese Liebe erfahren und empfangen.

Das Opfer Jesu

besteht also in der freiwilligen Selbsthingabe Jesu an die Menschen und an die menschliche Bosheit. Jesu „mußte" so grausam und so blutig sterben, weil die *Menschen* so grausam und blutrünstig in ihrem Haß und in ihrer Habsucht sind, nicht weil *Gott* ein blutiges Opfer will! Gott will kein Blut sehen; er will, daß seine bedingungslose, grenzenlose Liebe für uns Menschen durch Jesus erlebbar und erfahrbar wird. „Christus spricht bei seinem Eintritt in diese Welt: Schlacht und Speiseopfer willst du nicht ... einen Leib hast du mir bereitet ... siehe, ich komme, deinen Willen, Gott, zu erfüllen" (Hebr 10,5f.). Die Erfüllung des Willens Gottes liegt immer in der Hingabe an die Menschen. Das gilt nicht nur für Jesus, sondern auch für jeden von uns. Ich kann mich Gott nur hingeben, indem ich mich den Menschen opfere. Durch Jesus Christus wird deutlich, daß eine Hingabe an Gott, die nicht als Hingabe an die Menschen vollzogen wird, unmöglich ist. Hierin liegt ein Wesensmerkmal der christlichen Religion. Im Brief an die Kolosser (1,24) ist es so ausgedrückt: „Jetzt freue ich mich in den Leiden, die ich für euch ertrage. Für den Leib Christi, die Kirche, ergänze ich in meinem irdischen Leben das, was an den Leiden Christi noch fehlt."

Die Folge der Erlösung

ist meine Veränderung schon jetzt, hier auf Erden: Die Erfahrung der Liebe Gottes durch den Tod Jesu befreit mich vom Hassen und Haben-Müssen. Die Kraft der Liebe Gottes verwandelt mich weiter und gestaltet mich um (wenn auch nur keimhaft, so doch echt!) zum liebenden Wesen; ich muß auf Haß nicht mehr mit Haß reagieren; ich fange an, meine Feinde in der Kraft seiner Liebe zu lieben; ich brauche meinen Haß weder herauszulassen noch zu verdrängen; denn *er* hat ihn von mir ein für allemal weggenommen und auf sich genommen. Freilich wird dieser Erlösungsprozeß hier auf Erden erst in Gang gebracht. Aber es ist eine echte Erlösung, auch wenn die Vollendung noch aussteht.
In diesem Zusammenhang kann christliche Sühne auch nicht mehr verstanden werden als menschliche Ersatzleistung Gott gegenüber (dieses Mißverständnis entstand aus den juristischen Anspruchsvorstellungen!). Sühne im christlichen (biblischen) Sinn ist die Weitergabe des Erbarmens Gottes: Wer Erbarmen empfangen hat, kann Erbarmen schenken; wer Verzeihung erlangt, kann anderen bedingungslose Verzeihung gewähren; wer sich (von Gott) lieben läßt, kann auch die Menschen lieben und ihnen selbstlos und bedingungslos gut sein. Sühnen ist also das „Durchlassen" des Erbarmens Gottes durch sich selbst. Würde ich diese Durchlässigkeit durch meine Schuld verhindern, würde auch ich das Erbarmen

Gottes verlieren. Einfach ausgedrückt: Die „Pflicht" des Christen besteht im Annehmen und Weiterschenken des Erbarmens, der Liebe.
Es ist selbstverständlich, daß dazu auch die Restitution gehört, d.h., soweit als möglich die irdische Wiedergutmachung des irdisch angerichteten Schadens. „Vergib uns unsere Schuld, wie auch wir vergeben unseren Schuldigern."
Eine weitere Folge der Erlösung für unsere jetziges Leben ist die Anspruchslosigkeit. Die Anspruchslosigkeit und das Nicht-mehr-verurteilen-Müssen erwachsen aus einem positiven Selbstbewußtsein. Das positive Selbstbewußtsein („felix culpa" = glückselige Schuld) erwächst aus der Erlösung, die ich in jedem Vergebungsakt erfahre. Dieses positive Schuldbewußtsein ist ja auch der Sinn des Bußsakramentes wie auch jeder anderen Vergebungsfeier bis hin zu den ganz privaten Vergebungszeremonien.
Negatives Schuldbewußtsein entsteht überall dort und bleibt überall dort bestehen, wo Schuld – vor allem die tragische Schuld (Erbschuld) – nicht wahrgenommen und angenommen wird. Wir Menschen tun uns schwer, eine Schuld anzuerkennen, die wir nicht selbst verursacht haben. Wie soll etwas, das ich nicht getan habe, meine Schuld sein! Gerade hier hilft uns die Psychologie, das zu erkennen, womit unser Leben von vornherein belastet ist und was bei uns, bei mir, zur Lösung und Erlösung kommen muß. „Erbschuld" beinhaltet die Summe aller Belastungen, die durch Vererbung, Erziehung, Umwelt- und Mitwelteinflüsse auf mir lastet. Meine persönliche Schuld ist wie die Spitze eines Eisberges, die sichtbare Spitze, die aus dieser unheimlichen Tiefe erwächst. Meine persönliche, bewußte Schuld kann mir helfen, meine Tragik besser zu erkennen und meine tragische Schuld zur Erlösung (= Annahme) zu bringen.
Es ist ein Irrtum und eine Verdrängung, wenn man Schuldvergebung (wie im gesellschaftlichen Erfahrungsbereich!) als Vernichtung versteht. Durch die Vergebung werde ich von der *Last* der Schuld befreit. Ein Mensch, der getötet oder abgetrieben hat, wird nie mehr wie ein Mensch, der nicht getötet hat. Aber in der *Annahme* seiner Schuld als *Schuld* wird er ein neuer Mensch, der jetzt wahrscheinlich mehr Liebe, Erbarmen und Verständnis für Menschen in Not und Sünde hat als ein Mensch, der nicht schuldig geworden ist oder seine Schuld verdrängt. Aber wir brauchen nicht erst zu sündigen, um schuldig zu werden; wir sind es! Ich kann meine Schuld nicht annehmen aus eigener Kraft! Erst in der *Erfahrung,* daß ich in meiner Schuld – mag sie noch so groß sein –

angenommen bin, kann ich es wagen, meine Schuld (die tragische und die persönliche) überhaupt einmal anzuschauen und gleichzeitig anzunehmen. Solange ich mich nicht angenommen weiß, *muß* ich Schuld verdrängen und muß mich entschuldigen. Dabei verdränge ich aber meine Grundwahrheit und verhindere dadurch meinen Selbstwerdungsprozeß (Identität). Je mehr ich im Erlösungsprozeß meine Schuld (die tragische und die persönliche) „zu-geben" kann, desto mehr werde ich ich selbst. Ich werde *heil* und *geheilt* durch die Annahme meiner selbst. Diese Selbstannahme wird nur in der Erfahrung des Erbarmens (Gottes) möglich – nicht durch einen psychologischen Trick!

Wer sich in seiner Schuld prinzipiell angenommen hat, ist befreit von allem Pharisäismus. Er „muß" sich und andere nicht mehr verurteilen; er „muß" nicht mehr auf sein Rechtsein pochen; er muß überhaupt keinen Anspruch mehr auf irgend etwas erheben; er kann sich über alles freuen, was ist, und muß nicht mehr zwanghaft auf das starren, was nicht ist. Ich werde *frei* und immer freier in der Erfahrung: Alles ist Gnade.

Was kann ich tun,

damit mich die Erlösung ergreift? Ich kann Erlösung durch Jesus *meditieren,* ich kann Erlösung *feiern,* und ich kann durch mein bewußtes *Gutes-Tun* mitwirken an der „Auswirkung" der Erlösung.

Im Mittelpunkt der Erlösungsfeier steht die Feier der Eucharistie, verbunden mit allen Arten und Formen der Verehrung des Gekreuzigten. Man muß das Kreuz mit dem Gekreuzigten „nehmen", „tragen", „enthüllen", „zeigen", „anbeten", „berühren", „küssen". Es ist (tiefenpsychologisch) sehr einleuchtend, warum durch die praktische Verehrung des Gekreuzigten Aggressionen abgebaut und in kreative Kräfte der Liebe umgewandelt werden. Die vielen blutigen Darstellungen des Gekreuzigten zeigen mir ein Doppeltes: wie tief ich verletzbar und verletzt bin und zu welch grausamen Verletzungen ich in meiner Verletztheit fähig bin. Durch diese doppelte Identifikation kann ich Jesus immer mehr annehmen und mich von ihm angenommen fühlen.

Man wird immer wieder den Gekreuzigten ergreifen und sich von ihm ergreifen lassen müssen, damit Erlösung und Freiheit als Lebensbewußtsein wirklich zum Tragen kommen.

Gekreuzigter Herr Jesus Christus, erbarme dich unser!

Zu sich selbst stehen

Viele Menschen sind auf der Flucht vor sich selbst; sie können nicht zu sich selbst stehen und daher auch anderen nicht beistehen.
„Wer steht, der sehe zu, daß er nicht falle", und wer nicht steht, der sehe zu, daß er zum Stehen kommt! –

Stehen

Wenn heute ein Mensch „steht", d.h. in innerer Selbständigkeit leben kann, zieht er die Menschen an – wie der Honig die Fliegen: Alle wollen so leben können. Unter diesem Gesichtspunkt kann man die heute stark zunehmenden seelischen Lebenskrisen erfassen. Wohlstand und Verwöhnung verführen den Menschen in seiner angeborenen Bequemlichkeit so stark, daß viele, meist ohne es zu wissen, eigentlich nicht mehr leben, sondern gelebt werden. „Keiner will mehr selbst leben!"
Diese Selbstflucht verhindert die echte, lebensnotwendige Selbstfreude, die Freude, daß es mich gibt. Dies Freude ist oder wäre der Dank an meinen Schöpfer für mein Dasein, die „Verherrlichung Gottes", die in jedem Katechismus als Sinn des menschlichen Lebens genannt wird. Diese echte Selbstfreude, die Tatsache, daß ich mich selber mag und zu mir selber stehen kann, ist die einzige Kraft, mit der ich das Leid und alle Lebensprobleme meistern kann.
Im folgenden soll deutlich werden, wie diese Selbstfreude entsteht; ich kann sie nicht selbst erzeugen. Ich bin auf die Erfahrung angewiesen, daß sich jemand über mich freut, um meiner selbst willen. Erst dann kann ich mich über mich selbst freuen und froh sein, daß es mich gibt. Ich muß erleben und erfahren, daß jemand um meiner selbst willen zu mir steht, mir „beisteht", erst dann kann ich zu mir selber stehen. Ich „stehe", wenn ich zu mir, hinter mir stehe. Dies ist ein Geschenk, für das ich vieles tun kann und muß, das ich aber letztlich nicht erzeugen oder verdienen kann, es ist Gnade.

Selbstängste

Ängste vor sich selbst und vor der Selbst-Werdung entstehen aus der mangelnden Erfahrung, daß ich um meiner selbst willen geliebt, gemocht, bejaht bin. Die Selbstangst ist andererseits auch Vorgegebenheit meines Daseins (als „Erbschuld"), die erst durch das Angenommensein, d.h. durch Liebe und Erbarmen (durch den „Bei-Stand"), erlöst wird. In Taufe und Firmung/Konfirmation wird deutlich, daß es letztlich immer mein Schöpfer ist, der bedingungslos zu mir steht und mich von allen Selbstängsten befreit und mein „Selbst" ermöglicht. Das Problem ist freilich: Wie komme ich durch meine tatsächlichen Erlebnisse und Erfahrungen zu der Erfahrung des „ewigen" Geliebt-Seins? In der christlichen Verkündigung, wie sie heute noch häufig geschieht, wird die Botschaft von der Erlösung mehr verdeckt als enthüllt. Man spricht vorwiegend von den „Forderungen" des Glaubens und des Evangeliums – und dies meistens in ethisch-moralischer Hinsicht – und zuwenig von den „Ermöglichungen"! Man hört einseitig stark das „Du mußt" und kaum das „Du darfst", „Du kannst". Es wird sogar „Selbstverwirklichung" ausgespielt gegen die „Verwirklichung des Evangeliums" in verhängnisvoller Unkenntnis, daß beides dasselbe ist und zusammengehört wie die zwei Seiten einer Münze. Man sollte besser unterscheiden zwischen echter und scheinbarer Selbstverwirklichung.

Selbstverwirklichung

Gemeint ist nicht das Handeln aus zwanghafter Eigensinnigkeit, sondern das Leben aus Überzeugung: ich glaube an mich, weil ich erfahre und spüre, daß „ein anderer" an mich glaubt. Die Mitwelt spürt es sofort – und ich spüre es an den Reaktionen der Mitwelt –, ob ich es bin, der denkt, handelt, liebt (und haßt), oder ob ich fremde Macht ausübe, eine Macht, die aus einem System oder aus einem Mechanismus stammt, dem ich mich (mein Selbst) angepaßt und geopfert habe. „Selbstwirklich" und „selbstverwirklichend" ist alles, was aus meinem Selbst kommt und was ich tue, um mein Selbst aufzubauen und zu stärken. Da aber, wie schon erwähnt wurde, mein Selbst nicht das Erzeugnis eigener Anstrengung ist, sondern Geschenk (Gnade), kann mein Bemühen um Selbstverwirklichung nur in den Anstrengungen bestehen, die dazu beitragen, daß ich in allen Lebenssituationen den „Beistand" meines Schöpfers erlebe und erfahre. (Das Machbare im Vorgang der Selbstverwirklichung wird weiter unten noch angesprochen.) Selbstverwirklichung kann nur Selbstverwirklichung im Glauben (an die Liebe des Schöpfers) sein. Diese Behauptung ist freilich ein Bekenntnis und schließt eine

Glaubensentscheidung mit ein. Sie kann aber durch kein Argument angegriffen werden, das nicht seinerseits eine gegenteilige Glaubensentscheidung beinhaltet. Diese Behauptung stützt sich auf gläubig gedeutete Lebenssituationen und auf die offensichtliche Vergeblichkeit ungläubiger Selbstverwirklichungsversuche.

Selbstbetrug

So könnte man alles Handeln und Verhalten nennen, dem ich nicht selbst zugrunde liege oder das nicht auf mein Selbst zurückzuführen ist. Die Selbst-Mängel äußern sich in Extremen: Der Schüchterne, der sich nicht traut und sich nichts zutraut, ist immer darauf angewiesen, daß andere für ihn denken und handeln. Er tut, was andere wollen, und will, was andere tun. Das Gegenstück ist der Egoist und der „Selbst-Herrliche". Er tut so, als ob er es wäre, der denkt und handelt; er muß seine Selbstangst verbergen und die Tatsache, daß er Impulsen folgt, die dem wahren Ich fremd sind. Er wird getrieben vom Es oder von anderen Kräften, denen er sich unterworfen hat. Die Selbst-Suche wird zur Selbst-Sucht. Es entsteht Abhängigkeit statt Freiheit. Die verschiedenen Süchte und die Unfähigkeit, „freiwillig" zu verzichten, entspringen dieser Ich-Armut und vergrößern sie. Die Angst, nicht selbst zu sein, und die Angst vor dem Selbst-Sein verleitet den Menschen oft zu Unternehmungen, durch die er sich erlösen will in der Hoffnung, er könne sein Selbst selber machen. So kommt in vielen Selbsterfahrungsübungen aber nicht das erhoffte Selbst, das Ich, zum Vorschein, sondern das Fehlen des Selbst, die Ich-Schwäche, die Krankheit. Heilend können solche Übungen erst dann werden, wenn ich etwas Drittes, nicht von Menschen Gemachtes, suche und zulasse, von dem ich Bejahung und Liebe um meiner selbst willen empfange. Die Psychologie ist hilfreich zur Diagnose und Beschreibung von Ich-Schwäche und Selbst-Unfähigkeit, aber sie ist kein Mittel zur Erzeugung echter Ich-Erfahrung und Identität. Ohne Glauben wird jede „Ich-Übung" zum Selbstbetrug. Sehr viele Menschen bringen in ihrem Emanzipationsgehabe nur ihre Ich-Schwäche und Ich-Angst zum Ausdruck.

Selbst-Heilung

Die Heilung meines kranken, mangelhaften Selbst kommt nicht von mir selbst, sondern vom Leben selbst, von der „dritten Kraft". Nicht ich, nicht du, sondern *Es,* besser: *Er* kann und wird mich heilen. (Im Christentum ist dieses *Es,* diese dritte Kraft, als Liebe, als *Er* offenbar geworden).

Zu diesem Er gelange ich aber zunächst nicht direkt, sondern durch die Erfahrung der Geschöpfe: Ich muß Bei-Stand, An-Erkennung, Liebe um meiner selbst willen zunächst ganz praktisch durch Menschen (Eltern, Freunde, Partner) erleben und erfahren. Dann erfolgt der Schritt des Glaubens, in dem ich erkenne, daß ich eigentlich nicht *von* meinem Freund Beistand und Liebe erfahre, sondern *durch* meinen Freund. Mein Freund hat Beistand für mich; er ist nicht Beistand. Er, Gott, das Leben, schenkt mir durch meinen Freund Beistand (den Hl. Geist). Durch ihn kann ich *ihn* sehen, hören, schmecken, riechen, fühlen.

In diesem Glauben kann ich mich lösen von der Verhaftung an einen Menschen, durch den ich Beistand erfahre. Ich kann meinem Freund Fehler und Unvollkommenheiten zugestehen, ja, er wird in gewisser Hinsicht entbehrlich. Du liebst mich – aber eigentlich nicht du, sondern Gott liebt mich und steht mir bei durch dich. Wenn du mir keine Zuwendung mehr geben kannst oder wenn du mich verläßt, dann habe ich gelernt, daß Gott mich liebt. Du bist wie ich dem Wandel und Wechsel des Vergänglichen unterworfen; Er aber bleibt ewig derselbe, der mich Liebende. Alle Ablösungsvorgänge sind Chancen der Selbstfindung. Es darf allerdings nicht verschwiegen werden, daß solche Prozesse äußerst schmerzhaft sind, weil sie den Verzicht auf alles Egoistisch-Eigene (in diesem Sinn: „Selbst-Losigkeit") mit einschließen.

Selbstwerdung ist herrlich, aber unbequem. Man muß und darf sich viel Zeit lassen; das Leben selbst bestimmt das Tempo, und man muß sich begnügen, wenn Selbstwerdung nur ein bißchen und nie ganz glückt. Auch das Selbstsein ist ein Auf und Ab: einmal mehr, einmal weniger.

Wer Gott einmal gefunden hat, dem kann alles „Beistand" werden, jeder Mensch, aber auch jedes vernunftlose Geschöpf, die ganze Schöpfung.

Lebenswirklichkeiten, bei denen es auf das Zu-sich-selbst-Stehen ankommt

Gehorsam
Auch der Gehorsam entbindet mich nicht von der Selbstverantwortung. Wenn ich einem Befehl, Gesetz oder Menschen gehorche, überlasse ich

zwar die Verantwortung einem anderen, aber ich bleibe für diese Überlassung verantwortlich. Auch die Glaubensgemeinschaft der Kirche lebt von der Verantwortung der einzelnen und nicht von der blinden Unterwerfung den Vorgesetzten und Oberen gegenüber. Natürlich muß ich in Kauf nehmen, daß ich nicht alles überblicke und daß ich um des großen Ganzen willen etwas tun muß, was ich unmittelbar nicht einsehe, – aber ich bleibe verantwortlich. Entscheidend ist, daß ich zu mir selber stehe. Es kann sein, daß ich auf Grund meiner Einsicht (Gewissen) etwas tun muß, was formal eine Übertretung des Gebotes ist; *ich* muß es vor Gott und vor mir verantworten. Gewiß nehme ich dabei in Kauf, daß ich mich in meiner Bequemlichkeit selbst betrüge. Aber ich darf mich keinem Gebot oder Gesetz unterwerfen, von dessen prinzipieller Richtigkeit ich nicht überzeugt bin. Andererseits ist eine Handlung nicht deshalb schon verantwortet, weil sie gesetzlich erlaubt ist. Ich muß nicht nur den Gesetzes-Ungehorsam verantworten, sondern auch den Gesetzes-Gehorsam. Anpassung ist zum Leben nötig, aber sie darf nicht zur Angepaßtheit werden.

Vergebung
Weit verbreitet ist der Selbstbetrug, der mit dem Wort „Vergebung" verknüpft ist. „Vergebung" wird häufig verstanden als Gnadenakt, der es mir erlaubt, mich nicht mehr schuldig zu fühlen. So wird für viele die Vergebung (Beichte, Buße) zur Schuldverdrängung anstatt zur Schuldannahme. Vergebung ermöglicht mir gerade, daß ich zu mir – zu meiner Schuld und Sünde – stehen kann; daß ich es nicht mehr nötig habe, vor mir, vor Gott und den Menschen als unschuldig dazustehen. Weil Gott zu mir steht in meiner Schuld und Sünde, kann auch ich zu mir stehen. Vergebung ermöglicht ein positives, kreatives Schuldbewußtsein; ich kann mich jetzt so sehen, wie ich bin, weil einer zu mir steht, so wie ich bin. Schuld und Sünde – das Nicht-sein-Sollende – darf sein. Gott erlaubt mir nicht die *Sünde,* aber er erlaubt mir das *Sündersein;* ich darf leben – auch ohne weiße Weste! So ist auch das Wort Luthers zu verstehen: „Sündige tapfer, aber glaube noch tapferer!" Diese Erfahrung ist es, die die guten Kräfte in mir weckt wie sonst nichts; ich *muß* nicht mehr gut sein, ich *kann* und *darf* gut sein. Durch seine Liebe kann ich meine Schuld und Sünde annehmen („zugestehen"), und dadurch überwinde ich sie.
Nur in dieser Sicht ist es möglich, daß ich eine vorgegebene tragische, auf mir lastende Schuld überhaupt sehen kann; daß ich eine echte Schuld, die auf mir lastet, aber nicht persönlich von mir verursacht wurde,

annehmen und überwinden kann. Die Erbschuld (die Summe der vorgegebenen Belastungen in meinem Leben) bzw. ihre Folgen sind ja die „Ur-Sache", aus der alle persönlichen Sünden entstehen. Ein Mensch wird erst frei und glücklich, wenn er sich auf seine eigenen Kräfte nichts mehr einbilden muß und wenn Liebe und Erbarmen in ihm wirksam werden.

Vergebung macht vergebend
Was ich erfahre, kann ich andere erfahren lassen. Wenn ich von Herzen angenommen bin, wenn ich Beistand erfahren habe, kann ich andere annehmen, anderen beistehen. Das ist das Verwandlungsphänomen der Liebe: Der Angenommene wird annehmend; wer Beistand findet, kann stehen und beistehen; wer Liebe bekommt, kann Liebe geben. Diese verwandelnde Beistandskraft ist das Lebensprinzip der Kirche: „Beistand" und „Beistehen" kann ich nie von einem Menschen erwarten oder fordern; da ist jeder überfordert und wird aggressiv oder läuft davon. Ich kann nur Gott um seinen Beistand bitten („Komm, heiliger Geist"), damit wir einander beistehen können und Beistand erfahren.

Inhalt und Situation des Lebens
Die Unterscheidung von „Inhalt" und „Situation" des Lebens ist zur Deutung von Lebenskrisen sehr hilfreich:
Mein „In-Halt", das, was mich zuinnerst hält und an was ich mich im allerletzten halte, kann und darf nichts Vergängliches sein. Auch der geliebteste Mensch kann und darf nicht Inhalt meines Lebens werden; er ist letztlich nur Situation, in der ich die Liebe meines Schöpfers erlebe. Die Liebe selbst, das Leben selbst – Gott – kann allein tragender Inhalt meines Daseins sein. „Halte dich an ihm fest; er ist ja dein Leben." Der Mensch ist eben von Anfang an so gebaut, daß er nur durch Gott, seinen Schöpfer, stehen und bestehen kann. Die Sünde liegt darin, daß der Mensch aus sich selbst stehen und bestehen will. Die Folgen sind das „Hinfallen" des Menschen und alle seine „Un-Fälle".

Erziehung als Beistand
Aus all diesen Betrachtungen ergibt sich für Pädagogik und Pastoral ein ganz einfaches Prinzip: beistehen! Gehet hin und „stehet bei"! Mein stehendes und „ständiges" Dasein wird für den anderen zur Situation, in der er zum Stehen kommt und zu stehen lernt. Nicht meine Absichten, Wünsche und Pläne entscheiden über den Erfolg in Pädagogik und Pastoral; entscheidend ist vielmehr, ob ich zum anderen, mit dem anderen und für den anderen stehen kann.

In Beziehung sein

Vermittelt werden

Der Prozeß des Beziehungsgeschehens ist der Urvorgang des Lebens. Was geschieht da, wie geschieht es, wenn ein Mensch glücklich wird und ins Leben kommt? – Auch wenn wir den Vorgang des Lebens in gewisser Weise erkennen und beschreiben können, darf uns das nicht zu der Meinung verleiten, man könne das Leben und das Glück *machen*. Im Gegenteil: Wenn ich weiß, wie das Glücklichsein vor sich geht, und wenn ich erkenne, daß ich das Eigentliche dabei nicht selber machen kann, werde ich versuchen, mich zurückzuhalten, um den Beziehungsprozeß nicht zu stören. Bei den Lebensvorgängen ist es nicht so wie in unserer Alltagstechnik: Wenn ich weiß, wie eine Maschine funktioniert, kann ich sie reparieren. Nicht so bei den Lebensprozessen. Wir wollen das Leben erschauen, aber nicht in der Absicht, es in den Griff zu bekommen.

Der Beziehungsvorgang ist ein Vermittlungsgeschehen; ich muß „vermittelt" werden, dann werde ich befreit aus meiner Isolation und aus meinem Leid. Nur durch „Vermittlung" komme ich in Beziehung und ins rechte Verhältnis. Versuchen wir nun, den Vermittlungsprozeß vom Wort „Mitte" her zu begreifen. „Mitte" ist das „Ausgemessene" zwischen zwei Gegenständen, das, was genau „dazwischen" ist. Das Leben entspringt immer in diesem Dazwischen, im „Zwischenraum". Ohne Zwischenraum keine Beziehung, ohne Beziehung kein Sein und kein Glück.

Deshalb können Menschen, die bis über beide Ohren ineinander verliebt sind, eigentlich nicht glücklich sein. Sie müssen auf Distanz kommen, damit *zwischen* ihnen die beglückende Beziehung entstehen kann. Darum ist die Grundregel für Liebende: Auf Distanz achten! Gewiß schafft das Leben selbst diese Distanz, aber manches Leid könnte erspart bleiben, wenn man auf Distanz achtete und von vornherein daran arbeitete, sich nicht vereinnahmen zu lassen und den anderen nicht zu vereinnahmen.

Beim Leid ist es ebenso: ich muß zu meinem Leid Distanz gewinnen. Dann kann es geschehen, daß ich eine Beziehung, ein Verhältnis bekomme zu dem, was mich belastet. Und wenn ich mein Leid bejahen, annehmen kann, ist es ja im Grunde schon bewältigt.

Stellen wir uns nun zur Veranschaulichung zwei Gegenstände (G) vor, in deren Zwischenraum sich die Mitte (M) befindet:

Die beiden Gegenstände sollen nun „vermittelt", in Beziehung gesetzt werden. Dies geschieht durch eine Kraft, die nicht von den Gegenständen erzeugt, wohl aber von ihnen angenommen wird. Es ist Kraft der Mitte, die in der Mitte wirkt. Die Mitte fängt nun an, als solche tätig zu werden. In unserem Modell könnten wir uns das etwa so vorstellen:

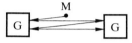

Die Mitte fängt an zu „mitteln"; d.h. sie wendet sich dem einen Gegenstand zu und dem anderen und wieder dem einen und wieder dem anderen usw. Die Zuwendung, die Aktivität der Mitte „schwingt" zwischen den beiden Gegenständen. Die Mitte ver-mittelt die beiden Gegenstände; diese sind nun in lebendiger Beziehung zueinander und zur Mitte. Das ist der Grundvorgang.

An diesem Modell wird schon deutlich, daß das Geheimnis des Lebens in der vermittelnden Kraft liegt, die ich erfahre, aber nicht erzeuge. Alle Lebensmacht ist nichts anderes als vermittelnde Kraft. Und jede Kraft, die als Mitte-Kraft wirkt, ist letztlich Gott, wie wir später noch deutlicher sehen werden.

Die vermittelnde Kraft macht aus der Mitte das *Mittel*. Ist diese vermittelnde Mitte Person, so sprechen wir vom *Mittler*. „Mittel" darf in diesem Zusammenhang nicht im technischen Sinn mißverstanden werden. Bei „Waschmittel", „Putzmittel", „Nahrungsmittel" usw. bedient sich der Mensch der Mittel, um etwas zu erreichen. In unserem Fall macht das Leben selbst irgend etwas (wir werden noch sehen, daß praktisch alles zum Mittel des Lebens werden kann) zum „Mittel", dessen es sich bedient, um Begegnung zu schaffen.

Versuchen wir nun, das Vermittlungsgeschehen vom Gegenstand her zu betrachten und zu empfinden. Wenn ich vermittelt werde, geschieht etwas mit mir, und meine ganze Aktivität kann und muß darin bestehen, dies geschehen (d.h. Gott wirken) zu lassen. Hier wird das Paradox sichtbar: Die Höchstform von Aktivität ist diese qualifizierte Passivität, in der der Mensch ganz offen, empfangend und hingegeben ist. Wenn ich vermittelt werde oder in Beziehung komme, „geht mich etwas an", „kommt etwas an, auf mich zu" (vgl. „Advent": An-kunft, Zu-kunft), und ich lasse es mit mir geschehen. Dadurch werde ich verändert; ich komme in Berührung mit anderem. Und gerade dadurch erlebe ich mich selbst. Allein, ohne das andere, kann ich mich gar nicht selbst erleben. Nehmen wir als Beispiel den „vielsagenden" Händedruck. Ich gebe dem anderen meine Hand und er reicht mir seine: Hand in Hand; das ist das „Mittel" (Medium). Wenn nun die „mittelnde Kraft" in diesem Händedruck wirkt, fühle ich mich angerührt, berührt und gleichzeitig aber auch anrührend und berührend, und in diesem „Gespür" erlebe ich mich selbst und zugleich den anderen und auch das Mittel, den Händedruck. Hier wird deutlich, daß Leben, Beziehung genau das Gegenteil von Isolation ist: Ich kann mich nur selbst erleben, wenn ich den anderen erlebe, und wenn ich den anderen erlebe, erlebe ich immer auch mich selbst. Ich kann mich nur im Du finden (nicht in mir selbst). Und ich kann das Du nur als mein wahres Ich finden. Statt „finden" kann man auch „erkennen" oder „lieben" sagen: In dir erkenne (liebe) ich mich; ich kenne mich erst dann, wenn ich mich von dir erkannt weiß.

Wenn Menschen nur äußerlich beisammen sind, wenn sie einander die Hand geben oder sich intim vereinen, dann ist noch lange nicht gesagt, daß sie dabei Beziehung erleben. Die „Mittel" sind zwar da, aber es fehlt die mittelnde Kraft (Gott). Hier zeigt sich die große Versuchung des Menschen: Er erforscht die Mittel und meint, wenn er wie in der Technik die Mittel des Lebens „gebraucht", könne er Beziehung machen. Eine menschliche Beziehung lebt nicht von der Sexualität, aber die Sexualität lebt von der Beziehung und ist auf Beziehung (auf vermittelnde Kraft) angewiesen, wenn sie nicht zum Verhängnis werden soll. Es können Menschen eng miteinander leben und dabei vereinsamen; es können Menschen sehr distanziert leben und dabei tiefe Beziehung erfahren.

Es ist schließlich noch zu bemerken, daß Beziehung, Leben, Glück, Ich-Du-Findung, Selbstfindung – es ist gleichgültig, wie man es nennt – nicht als Zustand, sondern als *Augenblick,* als „Über-rasch-ung" erlebt wird. Es „über-kommt" mich und dies geschieht immer ganz „rasch" (Die Bibel benützt hierfür die Worte *tachys* für schnell, rasch und *kairos* für den rechten, akuten Zeitpunkt.). „Gott wird kommen im Augenblick" (vgl. Offb 3,11). Ein Menschenleben können wir dann als „glücklich" bezeichnen, wenn der Mensch aus seinen glücklichen Augenblicken und für seine glücklichen Augenblicke lebt. Die Weile, die Zeit, die zwischen den Augenblicken liegt, wird durchstrahlt vom Glück der Augenblicke. Man kann die Augenblicke des Glücks auch deuten als den Einbruch des Ewigen in die Zeit. Im Augenblick wird die Ewigkeit zur Zeit und die Zeit zur Ewigkeit.

„Zeit ist Ewigkeit, Ewigkeit ist Zeit – selig wer nicht unterscheidet."
(Angelus Silesius)

„Dreieinige Beziehung

Durch unser Beziehungsmodell (vgl. S. 181-183) ist deutlich geworden, daß Beziehung immer Befreiung von Isolation und all deren Folgeerscheinungen wie Leid, Sünde, Schuld bedeutet.
Versuchen wir, uns dies nochmal zu vergegenwärtigen:
Die Isolation ist eine Lebenslage, der wir entfliehen wollen. Dennoch erleben wir immer wieder, daß äußere Nähe *allein* diese nicht aufhebt; dort, wo Menschen einander vereinnahmen oder auf andere Weise dem Zwang des Haben-Müssens erlegen sind, zeigt sich dies bisweilen.
Eine echte Befreiung aus der Isolation erwächst vielmehr aus der „Mitte" der einander Begegnenden.

Wenn ich „in Beziehung bin", geschieht dies gleichzeitig immer auf dreifache Weise:

1. Ich stehe in Beziehung zu einem Du, wobei an die Stellte des personalen Du auch ein sachliches Objekt treten kann, z.B. ein Stein, eine Blume, ein Tier.

2. Dieses Du ist nun auf mich rückbezogen; es macht Eindruck auf mich, fasziniert mich. Über das Du finde ich so zu mir selbst: Ich erkenne mich erst, wenn ich erlebe, daß ich erkannt bin. Meine Zustimmung zu dieser Rückbeziehung verstärkt nun wiederum das ganze Geschehen der gegenseitigen Begegnung.

3. Wenn eine Begegnung gegeben ist, gewinne ich auch ein Verhältnis zur „Mitte", zum „Medium", durch das ich beziehende Kraft vermittelt bekomme. Wir haben schon entdeckt, daß in jedem „Es-geht-mich-an-Erlebnis" diese „mittelnde" Kraft wirkt, die nicht von mir oder meinem Beziehungsobjekt ausgeht, sondern einen eigenen Ur-

sprung hat. Diesen Ursprung aller in Verbindung bringender Kräfte haben wir „gut" oder „Gott" genannt. Es wird nun deutlich, daß ich in jeder echten Beziehung immer auch dem Beziehungsursprung, Gott, begegne.
Das Problem besteht hier freilich darin, ob ich mir dessen bewußt bin. Im Vorhergehenden wurde dargelegt, daß die Einsicht und das Innewerden der Beziehung zu Gott die Glaubensentscheidung des Menschen mit einschließt. Ohne Glauben kann die Begegnung mit Gott nicht bewußt erlebt werden, obwohl sie in jeder Beziehung objektiv vorhanden ist.
Als endgültiges Modell ergibt sich nun wie von selbst das Dreieck:

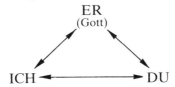

In diesem Symbol wird das Du als mein Medium (meine Vermittlungsstelle) zu Gott erkennbar, während ich als Medium für das Du fungiere. An die Stelle des Du kann, wie gesagt, auch hier irgendein Gegenstand treten. Eine Blume, die mich freut, ist zunächst einmal mein unmittelbares Bezugsobjekt. Durch meine Sinne und die Sinnesqualität der Blume und durch unsere Verhaltensweisen wird diese Begegnung dargestellt. In der Freude über die Blume begegne ich mir selbst; ich „finde mich" in der Blume. Und schließlich kann die Blume für mich das Medium zum Ursprung der Beziehungsdynamis, das Medium zu Gott werden. „Sei gepriesen Herr, in unserer Schwester Blume." – Wenn das Du als „Medium für Gott" bezeichnet wird, darf das nicht falsch verstanden werden, als sei das Du nur mehr „Mittel zum Zweck"! Im Gegenteil: Durch die Medienfunktion des Du entfaltet sich das ganze Eigensein des Du. Es ist bemerkenswert, daß das Dreieck ein Ursymbol ist sowohl für Gott als auch für den Menschen. Das Dreieck deutet das göttliche Leben bzw. die Wirklichkeit Gottes als vollendete Begegnung: Vater, Sohn und Hl. Geist; Ursprung, Ziel, Beziehung. Das Dreieck deutet aber auch unser Menschsein: ich bin Mensch erst dann, wenn ich „bezogen", „einbezogen" bin, d.h. Anteil habe am „göttlichen Leben".
Viele schwierige theologische Aussagen können durch das Beziehungsmodell in ihrer praktischen Bedeutung erfaßt werden. Zum Beispiel:
Offenbarung: Von unserem Grundmodell her versteht sich „Offenbarung" als das Offenbarwerden der einenden Kraft und ihres eigenen

Ursprungs. Eine Menschengruppe wird geeint, gerettet, betreut, immer wieder „gerichtet". All diese Vorgänge, die sich geschichtlich verwirklichen, werden als Tat Gottes, als Wirkung der ewigen Begegnungskraft erkannt. Offenbarung ist ein Bewußtwerdungsgeschehen, das nicht vom Menschen gemacht werden kann. Mit Jesus ist der Höhepunkt der Offenbarung erreicht, aber es ist ein langwieriger Prozeß, in dem die Jesuswirklichkeit im einzelnen Menschen und in der Menschheit aufgeht.

Sünde ist ihrem Wesen nach Beziehungsstörung. Aus obigem Modell geht hervor, daß im Falle der Störung einer Begegnung an einer Stelle das gesamte Gefüge betroffen ist. Wenn ich zum Beispiel die Beziehung zu mir selber durch Rücksichtslosigkeit und Unbarmherzigkeit gegen mich selbst in Unordnung bringe, dann ist dadurch auch das Verhältnis zum Du und zu Gott in Mitleidenschaft gezogen. Wer sich selbst nicht mag, der mag auch andere nicht!

Vergebung meint die Wiederherstellung der durch die Sünde gestörten Beziehung. Der Mensch kann das Verhältnis durch egoistisches Handeln zwar stören, aber er kann es, sobald es durch ihn in Unordnung geraten ist, nicht wiederherstellen, weil er nicht der Beziehungsursprung ist und nicht über die Dynamis zur Stiftung der Begegnung verfügt. Er muß um Vergebung, d.h. um Aufhebung der Störung bitten und muß sich natürlich selbst wieder in Beziehung begeben. Es wird deutlich, daß jede „Sünde" (d.h. Ab-Sonderung) immer auch Gott als Ursprung allen Begegnens betrifft, auch wenn die Sünde äußerlich „nur" im zwischenmenschlichen Bereich geschah; aber auch die Vergebung ist auf Gott als den Vergebenden angewiesen, weil ich aus eigener Kraft mitmenschliche Beziehungen auch nicht wiederherstellen kann. Natürlich muß ich nach Kräften das Meinige dazu beitragen, d. h. ich muß vergebungs- und versöhnungsbereit sein, damit Gott die Begegnung wieder ermöglichen kann. „Vergib uns unsere Schuld, wie auch wir vergeben unseren Schuldigern."

Gericht ist der Vorgang, bei dem Gott die gestörten Beziehungen richtet, d.h. richtig macht.

Gnade bedeutet, daß Gott aus reiner Liebe, ohne unser Verdienst, ohne unseren Anspruch richtet, bzw. Begegnung schenkt.

Strafe ist nicht die „Rache Gottes", sondern Gottes Strafe sind die „Vorbereitungsmaßnahmen" Gottes am Sünder, damit dieser gerichtet, wieder in die Begegnung eingesetzt werden kann. Durch mancherlei Leid kommen wir erst zum Loslassen und zur Sinnes- und Gesinnungsänderung, die für das Eintreten in die Lebensbeziehung vorausgesetzt ist.

Sühne meint das entsprechende Verhalten eines Menschen, der wieder in das Begegnungsgeschehen aufgenommen wurde. Ersatzleistung gehört auch zur christlichen Sühne, aber sie ist nicht ihr Wesen. Das Wesensmerkmal der Sühne ist Barmherzigkeit; auf ihre Früchte kommt es in unserem Leben an!
Buße (wörtlich: Besser-werden) entspricht dem Begriff „Gericht". „Ich büße" will sagen: Ich lasse mich (von Gott) richten, ich lasse mich „überholen", damit ich besser werde, damit es mir und uns wieder „besser geht".
„*Heiligmachende*" *Gnade:* Das Wort „heilig" ist kein Wort aus dem Anstandswörterbuch! Es bedeutet vielmehr das Intakt-Sein, das In-Beziehung-Sein. „Heilig" heißt „voll Heil" Der echte Heilige strahlt Lebensfreude, Hoffnung, Optimismus aus. Er ist tolerant und zufrieden. Das, was uns „heilig" macht, ist wiederum die Beziehung, die uns Gott schenkt.
Sakramente in einem weiten Begriffshorizont sind alle sinnhaft menschlichen Vorgänge und Gegenstände, zu denen wir eine echte Beziehung gewinnen und die ihrerseits als Medien der Beziehung zu Gott wirken. Durch die Sakramente werden wir mit Gott in Beziehung gesetzt und geeint. In gewisser Hinsicht kann uns alles zum „Sakrament" werden.
Auf dieser Basis eines allgemeinen Verständnisses werden erst die Sakramente der Kirche als die offiziellen „Hauptmedien" der Gottesbeziehung verständlich, die von Jesus bzw. seiner Kirche dem Gottesvolk als Lebensquelle gegeben sind.
Himmel, ewiges Leben bedeuten nichts anderes als das immerwährende und schlechthinnige In-Beziehung-Sein (mit Gott).
Hölle, ewiger Tod drücken das Gegenteil aus; das Wort „ewig" deutet an, daß es sich um eine Seinsordnung handelt, die unabhängig von Raum und Zeit und aller Veränderung gilt. Gott ist „ewig" der Ursprung allen Begegnens. Wer sich aber aus der Beziehung löst, geht ins Verderben, in die Verhältnislosigkeit, in den Tod.
Alle echte Beziehung ist ewig, sie kann auch durch die Grenzen in Raum und Zeit nicht aufgehoben werden. „Ewig lebt die Liebe." Das Leben und das Sein, das wir durch diese Begegnung erhalten, kann nicht sterben, wenn der Mensch stirbt. Das Verhältnis zu unseren Toten ist für uns und für sie lebenswichtig und lebenswirklich. Es wäre eine Verarmung des Lebens, würde man die Beziehung zu den Verstorbenen nicht pflegen.

Jesus als Mittler

Die Bezeichnung Mittler spricht genau der Jesuserfahrung und bringt die ganze Bedeutung Jesu zum Ausdruck: Das gesamte Wirken Jesu war „Mittlung", „Vermittlung". Er hat *Beziehung geschaffen.* Dies ist aber nicht genug. Im Alten Testament und in der gesamten Religionsgeschichte gibt es besondere Menschen (Propheten, Heilige), die Beziehung herstellen zwischen der an sich unzugänglichen Gottheit und den Menschen. Bei Jesus ist aber offenbar geworden, daß er nicht nur Beziehung schafft, sondern daß er Beziehung *ist.* Wer mit Jesus in Berührung kommt, kann wieder leben; er kommt ins rechte Verhältnis mit sich selbst und mit seiner Lebenssituation; Jesus wird für ihn einfach alles. Alles, was vorher, nachher und überhaupt als Beziehungskraft (oder als „einende Kraft", als „Macht der Liebe", als Dynamis, die glücklich macht) erlebt wurde und erlebt wird, nimmt in Jesus konkrete Menschengestalt an. So wird durch Jesus offenbar, daß Gott „Beziehung", „die Liebe" ist. – Dies sind nun alles theologische Überlegungen; wie kommt es dazu, sind sie aus der Luft gegriffen?
Die Jesuserkenntnis kommt aus der Jesuserfahrung. Und die Jesuserfahrung setzt die Gotteserfahrung des Alten Testaments und die ganz allgemein menschliche Gotteserfahrung voraus.
Was erfahren nun die Menschen, die Jesus begegnen? Jesus verurteilt nicht, er zeigt, daß es für jeden eine Chance gibt; er ist offen für alle. Dort, wo er auftritt, entsteht „Nähe". „Durch ihn sind wir alle in die Nähe gekommen" (Eph 2,13). Die Menschen spüren und erleben in Jesus die Kraft der Nähe. In dieser finden die Menschen sich selbst; sie finden zueinander. In dieser Nähe werden sie frei von aller Isolation, frei von Schuld, Krankheit und Tod. Das Befreitwerden davon ist das Freiwerden von der Krankheits- und Todes*problematik*. Auch die damals von Jesus Geheilten und Erweckten leben heute nicht mehr unter uns; auch sie mußten sterben. Aber durch Jesus bekamen sie eine ganz neue und andere Einstellung und Beziehung zum physischen Leben und Sterben: Der Tod hat keinen „Stachel" mehr; auch das Kranksein verliert durch Jesus seinen Stachel, gleich-gültig, ob ich physisch gesund werde oder nicht. Ein Mensch, der seine Krankheit annehmen kann, ist vielleicht „gesünder" als mancher „Gesunde", der mit Kranksein nichts anzufangen weiß.
Jesus hat seine Nähe ganz einfach und ganz praktisch mitgeteilt über die Sinne. Durch Kontakte mit den Augen, mit der Stimme, mit den Hän-

den, durch Bei-ein-ander-sein, durch Essen und Trinken, durch das bedingungslose Annehmen jeder menschlichen Situation – durch all das hat sich Jesus vorbehaltlos mit-geteilt. Auf die Frage: Was hat Jesus gewollt?, kann man nur eine genau treffende Antwort geben: Er wollte sich mitteilen. Im Johannesevangelium kommt es zum Ausdruck. „Damit ihr seid, wo ich bin", „…damit alle eins seien."
Diese ganz praktische Jesuserfahrung ist der Anlaß und der Anfang der Jesuserkenntnis. Trotz des sinnenhaften Ansatzes übersteigt die Jesuserkenntnis unsere Erkenntnisfähigkeit; ich kann Jesus nicht aus eigener Kraft als „Gott" erkennen. Das ist Gnade; „der Vater" muß es offenbaren. Es ist aber geschehen, daß Menschen, die Jesus miterlebt haben (Jesu Tod und Auferstehung mit eingeschlossen), zur Erkenntnis kamen: „Du bist der Messias" und zu der Erkenntnis: Jesus ist Gott bzw. Gottes Sohn. Die Theologie formuliert: „göttliche Person", d.h. die innerste Wirklichkeit Jesu, das, was in seinem Reden, Tun und Verhalten zum Ausdruck und zur Mitteilung kommt, ist Gott. Jesus hat nichts anderes „in sich" als Liebe, Beziehung, Nähe. Auch die Jesuserkenntnis setzt wie alle Gotteserkenntnis eine menschliche Entscheidung mit ein. Ohne Glaubensrisiko ist weder Gottes- noch Jesuserkenntnis möglich, und im Glauben wird Gotteserkenntnis zur Jesuserkenntnis und umgekehrt. Diese hat ihre Spitze in der Einsicht: Gott ist Liebe.
Zunächst sieht der Vermittlungsprozeß Jesu so aus: Jesus vermittelt zwischen Gott und den Menschen wie alle Propheten und wie alle Menschen, die aus Gotteserfahrung leben und das „Wort" verkünden. In der Gesamterfahrung Jesu, die – zeitlich gesehen – wohl erst in der nachösterlichen Jesusschau erfolgte, werden die Jesusgläubigen inne: Wir brauchen zu niemand anderem zu gehen, in ihm haben wir ja alles. In Jesus ist der Ich-bin-da (Jahwe) wirklich *da:* Jesus ist Gott als Mensch. Jesus vermittelt zwischen Gott und den Menschen, indem er zwischen sich und den Menschen vermittelt: „Wer mich sieht, sieht den Vater".
Durch Jesus kommt auch die Frage „wo ist Gott?" zu einer für uns Menschen letztmöglichen Klarheit. Die Theologie drückt es so aus: Gott ist immanent und transzendent. Von unserer Erfahrung her gesehen bedeutet dies: Gott, der Ewige, über Raum und Zeit Erhabene, hat einen festen und konkreten Ort in dieser Welt. Er ist überall *dazwischen*. Gott ist das großartige, von uns unmachbare Dazwischen, das wir beglückend empfinden, wenn wir uns über etwas oder über jemanden freuen, oder wenn wir durch etwas oder jemand Nähe erleben. „Siehe, das Reich Gottes ist mitten unter euch" (Lk 11,20). „Wenn zwei oder drei in mei-

nem Namen versammelt sind (d.h. „eins" sind), da bin ich mitten unter ihnen" (Mt 18,20). Den transzendenten Ort Gottes kann man sich vorstellen als Mitte eines Kreises (vgl. „Baum der Mitte") und den immanenten, d.h. hiesigen Ort Gottes als Mitte im Sinn des Dazwischen. Im Dreieckssymbol, das wir als Sektor eines Kreises verstehen dürfen, kommt beides zum Ausdruck: Das obere Eck bezeichnet Gott als den transzendenten Ursprung aller Beziehung; die Verbindung zwischen den Geschöpfen ist die Weise, wie Gott und der Ort, wo Gott hier auf Erden erlebt wird. Hier muß freilich wieder beachtet werden, daß jedes echte Beziehungserlebnis diese drei Momente untrennbar vereinigt: Beziehung zum Du, zu mir selbst (Identität), zu Gott.

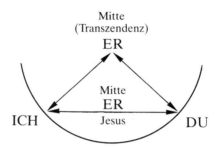

Uns Menschen, die wir ja immer mit unserem Egoismus zu kämpfen haben und alles, auch die „Beziehungen" im Griff haben wollen, ist die Betonung des „Dazwischen" immer etwas verdächtig. Ein „Gott", der immer dazwischen ist, ist nie in den Griff zu bekommen.
An dieser Selbst-Unsicherheit bzw. falschen Selbstsicherheit erkennen wir auch Gott nicht oder zu wenig. „Mitten unter euch steht der, den ihr nicht kennt" (Joh 1,26). Es wäre sehr oberflächlich, wollte man dieses Wort nur so verstehen, als hätten die Zeitgenossen Jesu ihn nicht erkannt. Es ist das allgemeine Problem: Gott ist da, Jesus ist da – an ihm liegt es nicht! –, aber wir erkennen ihn nicht, weil wir ihn *irgendwo* suchen, aber nicht dazwischen!
Wir erleben ferner: Wo wir das Dazwischen, d.h. unsere Beziehungen, unser Glück in den Griff bekommen wollen, ist es weg, wie der Schnee in der warmen Hand. Wir wollen uns vereinen und „nehmen in Besitz" – gleichgültig, ob Menschen oder Dinge – und was geschieht? Bestenfalls sind wir „verknallt", „vernarrt" oder „besessen" auf etwas oder von etwas.

Obwohl das „Verknalltsein" eigentlich eine „Un-beziehung" ist, soll es nicht nur negativ gesehen werden. Denn erstens ist es einmal die Ausgangsbasis des Befreiungs- und Beziehungsprozesses. Schwimmen ist schön, aber ohne Wasser kann ich nicht schwimmen. Und zum Schwimmen-Lernen muß ich ins Wasser, auch wenn ich noch nicht schwimmen kann. Das Verhaftet-Sein ist normal. Aber jetzt beginnt der Menschwerdungsprozeß, in dem Gott aus dem Egoisten einen Liebenden macht. Zweitens ist der Mensch nie ausschließlich Egoist, wie es auch bei uns nie Liebe gibt, die ganz frei von Egoismus ist. „Reine", d.h. echte Liebe und Egoismus müssen wir zusammen „wachsen lassen" wie Unkraut und Weizen; wir können und müssen uns nur um den „Weizen", um die Liebe kümmern, dann wird das „Unkraut", unser Egoismus von selbst weniger, und am Ende wird uns die Liebe (d.h. Gott) ganz davon befreien. Die Beziehungsdynamis muß in uns wachsen in der Beziehung und durch die Beziehung, auf die wir anfangs mit „Verknalltsein" reagieren.

Wenn wir dieses Fasziniertsein als den Ausgangspunkt eines Begegnungsgeschehens betrachten, in dem wir Beziehung und Beziehungslosigkeit gleichzeitig erleben, so müssen wir uns erinnern, daß auch das Leid Signal ist, das uns anzeigt, wo uns das Leben angeht und wo wir zunächst unsere Leere schmerzlich erfahren. „Verknalltsein" und Leid, Fasziniertsein und Qual sind wie zwei Seiten einer Münze, und unser Leben ist wie ein Ferngespräch, bei dem immerfort solche Münzen in den Automaten nachgesteckt werden müssen.

Wenn wir durch diese Betrachtung erahnen, daß Gott unser großes Dazwischen ist, das unser Glück bedeutet, dann verstehen wir die Mahnungen und Warnungen der Bibel z.B.: „Verflucht der Mensch, der Menschen traut, der auf schwaches Fleisch seine Hoffnung setzt" (Jer 17,5). „Ich bin nicht gekommen, Frieden zu bringen, sondern das Schwert (Entzweiung)" (Mt 10,34; Lk 12,51). „Wenn jemand zu mir kommt, muß er Vater, Mutter, Frau, Kinder ... sich selbst gering achten" (Lk 14,26). „Keiner von euch, der nicht auf seinen ganzen Besitz verzichtet, kann mein Jünger sein" (Lk 14,33).

Diese Stellen besagen: Ihr dürft nichts *haben wollen,* sonst geht alles schief. Dieses Nicht-haben-Müssen oder Nichts-haben-Wollen ist das Wesen der christlichen Armut. Erst wenn ich nichts mehr *habe,* kann ich etwas *sein.* Dabei kommt es nicht darauf an, ob ich äußerlich gesehen Frau, Mann, Kinder, Geschwister habe, mit denen ich zusammenlebe, oder ob ich Vermögen habe. Es kommt vielmehr auf die Beziehung an, die ich zu all dem habe, und wie ich mit all dem umgehe. Paulus

beschreibt dies in 1 Kor 7,29: „...Wer eine Frau hat, möge so sein, als habe er keine...wer gekauft hat, soll so sein, als besäße er nichts..." Die Freiheit von irdischen Bindungen mit ihren Zwängen *kann* eine Erleichterung der entscheidenden Beziehung sein. Aber auch der Verheiratete und der Besitzende muß Distanz gewinnen zum Partner bzw. Besitz, damit er durch dieses „Dazwischen" ins rechte Verhältnis kommt und „Jünger Jesu" wird.
Nun stellt sich aber doch die Frage: Wozu brauche ich Jesus? Wozu brauche ich heute jemanden, der vor zweitausend Jahren gelebt hat? Kann ich nicht ohne Christentum – in Anbetracht der Belastungen der christlichen Botschaft durch die Kirchengeschichte – auch oder sogar besser zu dieser Erkenntnis und zu dieser Einstellung gelangen? Um zu erkennen, daß Gott Liebe (Beziehung) ist, und daß ich dementsprechend leben muß, brauche ich doch nicht Jesus, erst recht nicht die Kirche!
Ein Christ wird auf diese Frage hin ein doppeltes Bekenntnis ablegen. Er wird sagen müssen: Ich bin in meiner Lebensgeschichte letztlich durch Christus zu dieser Erfahrung und Erkenntnis gekommen. Er wird aber auch einräumen, daß es auch andere Wege geben kann, die zu demselben Ziel führen. Der Maßstab für die Wahrheit des Glaubens sind letztlich immer die „Früchte des Geistes" (Liebe, Friede, Freude...). Unter „Liebe", „Friede", „Freude" verstehen die Menschen jeweils oft sehr Verschiedenes, je nachdem, „welch Geistes Kind" sie sind. Für uns Christen ist der Inhalt dieser Worte mit einem Wort genau beschrieben, und dieses Wort heißt Jesus. Wenn jemand das anerkennt und zu verwirklichen sucht, was wir mit Jesus meinen, was Jesus für uns ist, dann ist er dem Wesen und Sein nach Christ, auch wenn er selbst dieses Wort nicht kennt oder aus irgendwelchen Gründen ablehnt. Warum sollte sich „unser" Gott nicht auch auf anderen Wegen und durch anders klingende Namen Menschen mitteilen als wir es erfahren haben.
Karl Rahner hat das Wort vom „anonymen Christen" geprägt. Dieses Wort bringt zum Ausdruck, daß es auch eine Zugehörigkeit zu Christus geben kann, die sich selbst begrifflich als solche nicht versteht und bekennt. Entscheidend für mich und für mein Glück ist, daß die wahre Liebe mein Leben trägt und bestimmt. Auf welchem Weg ich dazu komme, ist letztlich gleich-gültig. Gerade der christliche Glaube befähigt mich zu dieser Toleranz, weil er mir diesen Gott zeigt, der Liebe ist und bei dem nur Liebe gilt. Nicht der Pluralismus theologischen Denkens ist das vordringlichste Problem, sondern ob wir mit Liebe dasselbe meinen. Schon innerhalb der Bibel gibt es verschiedene Theologien,

warum sollte es nicht auch außerhalb der Bibel und außerhalb der Kirche „Theologien" geben, die ganz oder zum Teil unter unserem Begriff „Liebe" faßbar sind?

Wir Menschen sind in unserer Erkenntnis auf Erfahrungen und auf deren Deutung und Bestätigung angewiesen. Durch Jesus sind die Menschen, die sich auf ihn eingelassen haben, zur Erfahrung und Erkenntnis des wahren Lebens gekommen. Wer Jesus ist und warum wir ihn „brauchen", kann nur der sagen, der ihm begegnet ist. Diese Begegnung ist ein Geschenk; ich kann nur dazu beitragen, daß ich dafür empfänglich werde. Die Menschen, die Jesus erlebt haben, bezeugen durch ihr Leben ihre Erfahrungen. Sie zeigen uns Jesus in einer Weise, die es uns ermöglichen soll, das nachzuerleben und nachzuempfinden, was sie erlebt haben, damit auch wir zur Jesuserfahrung kommen und von Jesus „aus Erfahrung" sprechen können. Ohne Jesusglauben kann man über Jesus kaum diskutieren. Ich kann einem Menschen, der Jesus ablehnt, versuchen zu zeigen, was Jesus *für mich* ist. Dadurch wird er vielleicht „angesteckt" und bekommt auch eine Beziehung zu Jesus. Das Ziel bleibt immer die Liebe.

Es mag viele Wege geben, aber die Wege müssen sich messen lassen an *dem* Weg: an Jesus. Es mag viele Vorstellungen von Liebe geben, aber sie müssen sich messen lassen an *der* Liebe, die in Jesus offenbar geworden ist. Jesus ist die Bestätigung und Vollendung aller Gotteserfahrung, aber Jesus wird auch bestätigt durch unsere Gotteserfahrung, d.h. durch unsere Erfahrung der Liebe, die mit ihm übereinstimmt.

Biographie

Elmar Gruber, 1931 in Prien am Chiemsee geboren.

Seit 1932 in München. Dort Abitur am Theresien-Gymnasium.

Anschließend Studium der Philosophie und Theologie in Freising.

1957 Priesterweihe. Kaplanszeit in Feldkirchen, Glonn und Gräfelfing.

Spiritual im Kloster Beuerberg.

Religionslehrer an Gymnasien in Freising und München (Adams-Gymnasium, Ludwigs-Gymnasium, Klenze-Oberrealschule).

Seit 1964 Fachbereichsleiter im Schulreferat der Erzdiözese München und Freising. Referent für religionspädagogische Ausbildung und Fortbildung der Erzieher, Lehrer, Pastoral- und Gemeindereferenten und Priester.

Erwachsenenbildung, Lehrerseelsorge, Exerzitienkurse, Beratung.

Jeder Mensch steht in seinem Leben vor der Aufgabe, einen tragenden Sinn zu finden. Für eine christliche Identität beinhaltet dies die Selbst- und Gottfindung.

Diesem Ziel dient Elmar Gruber in seiner praktischen und literarischen Tätigkeit. Dabei versucht er, Leben und Gott meditierend zu entdecken und aufeinander zu beziehen. Es geht ihm vorrangig um Lebensbeziehungen – zu sich selbst, zum Du und zu Gott, der die Urbeziehung ist. Elmar Grubers Bücher fordern heraus. Seine Art, theologische Zusammenhänge aufzuspalten und vorzudenken, läßt keine distanzierte Haltung beim Leser zu. Seine spürbare Begeisterung für die immer neu zu erfahrende Zuwendung Gottes bricht in allen Schriften durch. Gruber versteht es dabei, sowohl den jungen Menschen als auch den Erwachsenen mit dieser immer aktuellen Botschaft anzusprechen. Die Antwort muß der Leser selbst geben: Gruber führt in die Entscheidung.

Texte aus bereits veröffentlichten Werken

Seite   7   *Zeit haben* aus: Gott er-leben, München 1977

Seite 16-89   *Durch den Tag, Durch die Woche, Durch die Monate*
                 aus: Jahr und Tag, München 1979

Seite 90   *Zeitlich sein* aus: Gott vertrauen – befreites Leben,
                 München 1989

Seite 94-113   *Gott hat sich eingelassen, Es geschah in jenen Tagen,*
                 aus: Mensch geworden, München 1970

Seite 116-120   *Beten und Fasten* aus: Sich finden, München 1981

Seite 121-139   *Von den Toten auferweckt*
                 aus: Von den Toten auferweckt, München 1971

Seite 142-143   *Geist empfangen* aus: Der Rosenkranz, München 1978

Seite 146   *Zeit lassen* aus: Mein Adventskalender, München 1990

Seite 150-176   *Jesus Christus: Befreier und Erlöser*
                 aus: Alles ist erlaubt, München 1972

Seite 164-174   *Er-Lösung* aus: Er-löst, München 1987

Seite 175-180   *Zu sich selbst stehen*
                 aus: Am Puls des Lebens, München 1988

Seite 181-193   *Vermittelt werden, „Dreieinige" Beziehung,*
                 Jesus als Mittler aus: Sich finden, München 1981

Gesamtbibliographie Elmar Gruber

Papierklebearbeiten, München 1965 (vergriffen)
Papier-Reißarbeiten, München 1965 (vergriffen)
Figuren aus Geröll, München 1966 (vergriffen)
Impulse für Meditation und kindliches Gestalten in der kirchengeschichtlichen Verkündigung, Donauwörth 1966 (vergriffen)
Guß aus Schnellzement, München 1967 (vergriffen)
Werken mit Nägeln, München 1967 (vergriffen)
Arbeiten aus Buntmetall, München 1968 (vergriffen)
Arbeitshilfen für die Glaubensunterweisung der 13- bis 17jährigen, München 1968 (vergriffen)
Arbeitshilfen für die Vorbereitung der Erstbeichte, München 1969 (vergriffen)
Arbeitshilfen für die Vorbereitung der Erstkommunion, München 1969 (vergriffen)
Arbeitshilfen für die Glaubensunterweisung im 1. und 2. Schuljahr, München 1969 (vergriffen)
Arbeitshilfen für die Glaubensunterweisung im 3. und 4. Schuljahr, München 1970 (vergriffen)
Mensch geworden. Überlegungen zu den biblischen Weihnachtserzählungen, Reihe: Wort und Erfahrung, Bd. 2, München 1970 (vergriffen)
Von den Toten auferweckt. Überlegungen zu den biblischen Ostererzählungen, Reihe: Wort und Erfahrung, Bd. 3, München 1971 (vergriffen)
Arbeitshilfen für die Glaubensunterweisung im 5. und 6. Schuljahr, München 1971 (vergriffen)
Alles ist erlaubt. Überlegungen zur Freiheit des Christen, Reihe: Wort und Erfahrung, Bd. 5, München 1972 (vergriffen)
Bußgottesdienste. Überlegungen und Modelle, München 1972
Arbeitsblätter für die Vorbereitung der Firmung, München 1974
Arbeitshilfen für die Vorbereitung der Firmung, München 1974
Taufansprachen (zusammen mit Josef Seuffert), München 1974 (vergriffen)
Kinder zur Erstkommunion führen. Hilfen für Elternhaus, Schule und Gemeinde, München 1976
Arbeitsheft für die Vorbereitung der Erstkommunion, München 1976
Gott er-leben. Meditationen als Glaubenshilfe, München 1977
Kreuzweg, München 1977

Der Rosenkranz. Stationen des Glaubens, München 1978
Arbeitsheft Buße/Beichte, München 1978
Kinder zur Beichte führen – Handreichungen zum Arbeitsheft Buße/Beichte, München 1978
Kreuzweg beten – Kreuzweg gehen, St. Ottilien 1978
Den Glauben einüben (zusammen mit F. Eberle), München 1978 (vergriffen)
Jahr und Tag, München 1979 (vergriffen)
Kinder fragen nach Gott, München 1979
Weg zur Mitte, München 1979 (vergriffen)
Erstbeichte und Erstkommunion. Vorbereitungsalbum der Kinder, Freiburg 1980
Erstbeichte und Erstkommunion. Begleitbuch für Katecheten und Eltern, Freiburg 1980
Sich finden. Eine Glaubens- und Lebenshilfe, München 1981
Leben aus Vergebung – Überlegungen, Meditationen, Gebete, Texte, München 1982
Im Himmel auf Erden. Betrachtungen zum Vaterunser, München 1983
Meine Erstkommunion – Erinnerungs-Album, Freiburg 1985
Maria – Weg des Glaubens. Meditative Neuansätze, München 1986
Meine Taufe – Zur Erinnerung, Freiburg 1986
Unsere Firmung – Zur Erinnerung, Freiburg 1986
Umarme das Leben, Freiburg 1986
Meitinger Adventskalender, Freising 1986
Er-löst. Betrachtungen, Überlegungen, Gebete, München 1987
Worte wie Brot (zusammen mit Michael Albus), München 1987 (vergriffen)
Unsere Trauung – Erinnerungs-Album, Freiburg 1987
Am Puls des Lebens. Meditationen für den Alltag, München 1988
Zum besseren Leben, Freiburg 1988
Leben will ich. Gebete für junge Menschen, Freiburg 1989
Gott vertrauen – befreites Leben, München 1989
Ich mache die Wüste zum Teich. Bilder und Texte für ein Leben in Fülle (zusammen mit Martin Kohler und Thomas Schneider), München 1989
Mein Fastenkalender. Gebete, Anstöße, Meditationen von Aschermittwoch bis Ostern, München 1989
Mein Adventskalender. Gebete, Anstöße, Meditationen vom 1. Advent bis 6. Januar, München 1990
Was mich im Leben und im Sterben trägt. Glaubensbegriffe meditiert von Elmar Gruber, München 1991

Laß Schaf und Wolf zusammen in dir wohnen. Lebensbegriffe meditiert von Elmar Gruber, München 1991
Zeit ist dir gegeben. Leben aus der Zusage Gottes, München 1991
Was in Betlehem geschah. Ein Adventskalender für Kinder mit Begleitheft (zusammen mit Martina Špinkova), München 1991
Arbeitsheft Buße/Beichte, überarbeitete Neuauflage, München 1991
Arbeitsheft für die Vorbereitung der Erstkommunion, überarbeitete Neuauflage, München 1991
Hilfen zur Bußerziehung (mit einem Arbeitskreis des Schulreferates der Diözese München), o.J. (vergriffen)

Als Herausgeber:

Die Bibel – in 365 Geschichten erzählt, Freiburg 1986
365 Kindergebete, Freiburg 1990
Mit Bildern beten, Freiburg 1991
Mit Leib und Seele beten, Freiburg 1991

Dia-Meditationen im Impuls Studio München

 1: Mit Hindernissen leben
 2: Sorget nicht
 3: Lieben – Sterben – Leben
 4: Schenken und Nehmen
 5: Heimkehren
 6: Leiden können
 7: Binden und Lösen
 8: Sinn des Lebens
 9: Sich öffnen
10: Glücklich werden
11: Gott finden
12: Unterwegs sein
13: Eine Mitte haben
14: Entschuldigt werden
15: Sich anvertrauen
16: Hände halten
17: Mit dem Kreuz leben
18: Im Leben stehen
19: Empfangen und teilen

20: Gut und Böse
21: Höhen und Tiefen
22: Betroffen sein
23: Sich entscheiden
24: Gut dran sein
25: Licht und Finsternis
26: Zu sich selber stehen
27: Da sein
28: Erlöst sein
29: Vereint sein
30: Ewigkeit ist jetzt
31: Unvergänglich sein
32: Schatz im Acker
33: Wunden heilen Wunden
34: Sich freuen
35: Gerechtigkeit und Liebe
36: Sich erhalten
37: Durchdrungen sein
38: Sich begnügen
39: Ganz werden
40: Alles dreht sich (in Vorbereitung)
41: Zufrieden sein (in Vorbereitung)
42: All-eins sein (in Vorbereitung)
43: Einsam und gemeinsam (in Vorbereitung)

Weitere Dia-Meditationen

Sehen, etwas sehen, etwas mehr sehen
Stationen des Glaubens (Rosenkranzgeheimnisse)
Kreuzweg
Grunderfahrungen des Glaubens (auch mit Kassette)
Christ werden, sein und bleiben (auch mit Kassette)
Laß dich aufbauen (auch mit Kassette)
Du sollst ein Segen sein (auch mit Kassette)

Tonbilder:

Firmunterricht
Taufkurs

Wasser ist Leben
Brot und Wein
Taufgespräch (als Mitautor)
Taufe, Schritt ins Leben (als Mitautor)
Buße und Beichte (als Mitautor)
Kommunionunterricht (als Mitautor)
Firmgruppe (als Mitautor)
Krankensalbung. Eine Lebenshilfe (als Mitautor)